청일전쟁과 러일전쟁의 진실

청일전쟁과 러일전쟁의 진실

2023년 8월 25일 초판 1쇄 펴냄
지은이 와타나베 노부유키
옮긴이 이규수
편집 이수미
펴낸이 신길순
펴낸곳 (주)도서출판 삼인
전화 02-322-1845
팩스 02-322-1846
이메일 saminbooks@naver.com
등록 1996년 9월 16일 제25100-2012-000046호
주소 (03716) 서울시 서대문구 성산로 312 북산빌딩 1층

디자인 끄레디자인
인쇄 수이북스
제책 은정

ISBN 978-89-6436-247-1 93910
값 18,000원

This work was supported by the Core University Program for Korean Studies through
the Ministry of Education of the Republic of Korea and Korean Studies Promotion
Service

청일전쟁과 러일전쟁의 진실

『언덕 위의 구름』과 일본인의 역사관

와타나베 노부유키 지음 | 이규수 옮김

삼인

"청일전쟁을 조사하고 있다"고 말하면 대개 의아한 표정을 짓는다. 많은 사람은 '흔치 않은 특이한 사건'이라고 대수롭지 않게 생각할 것이다. 청일전쟁은 근대 일본이 처음으로 겪은 본격적인 대외 전쟁이지만, 오늘날 일본에서는 거의 주목받지 못하는 사건이다. 역사를 주요 취재 대상으로 삼고 오랫동안 신문기자로 일했던 내 경험을 돌아봐도 청일전쟁을 소재로 한 기사는 손에 꼽을 정도로 적다. 청소년기 역사 시간에 아주 간단히 배운 기억은 있지만, 어떤 전쟁이었는지 아는 사람은 거의 없다. 이게 21세기 일본 사회가 바라보는 청일전쟁이다.

처음부터 내가 이 전쟁을 조사하려던 것은 아니었다.

전쟁 기록을 읽기 시작한 것은 15년 전쯤이었다. 일본에 파멸을 가져온 대미전쟁을 둘러싸고 매우 귀중한 자료라고 생각되는 자료를 발견했다. 미국 공문서관에 잠들어 있던 것으로, 모두 영문으로 된 상당 분량의 자료였다. 자료를 읽은 연구자가 있지 않을까 싶어 찾아봤지만 찾을 수 없었다. 혹시 관심을 지닌 연구자가 있을까 싶어 수소문했지만, 역시 찾을 수 없었다. 어떤 내용이 담겨 있을지 호기심이 생겨 직접 도전하기로 했다. 직장 생활을 하면서도 아침, 저녁, 휴일 등 틈틈이 시간을 내어 쉬지 않고 읽었는데, 윤곽이 잡히기까지 2년이 걸렸다. 그 결과 일본이 미국과 전쟁을 시작하게 된 큰 배경이 보이기 시작했지만, 동시에 새로운 의문도 많이 생겼다. 수수께끼를 풀기 위해 그 이전 단계의 새로운 자료를 찾아 읽고 또 읽자 다시 새로운 의문이 떠올랐다.

그런 일을 10년 넘게 반복하다 보니 어느새 청일전쟁에 이르렀다. 내가 알고 싶었던 건 전쟁의 실상이었다. 근대 일본의 군대가 한반도와 대륙에서 구체적으로 무엇을 자행했는가였다.

원래 가장 중요한 자료가 되어야 할 일본군 기록으로는 도무지 실상을 파악할 수 없었다. 예컨대, 일본에서는 조선에서 동학농민군의 움직임이 청일전쟁의 발단이라고 이야기하지만, 육군 참모본부가 발간한 『일청전사日淸戰史』에서 농민군과 싸운 일본군 부대의 활동은 찾아볼 수 없었다. 농민군 측의 희생자는 3만 명이라고도 5만 명이라고도 일컬어지지만, 일본군 기록에는 마치 없었던 일처럼 되어 있었다.

무슨 일이 있었던 걸까? 왜 아무것도 기록하지 않았을까?

그런 의문에 대한 실마리를 찾던 중 만난 자료가 『일청전사』 초안이었다. 완성 단계까지 기록됐지만, 육군 수뇌부가 받아들이지 않아 폐기된 것이었다. 남은 것은 전체의 10% 정도였는데, 읽어보니 동학농민군과의 전투는 포함되지 않았지만 놀라운 사실들이 많이 잠들어 있었다.

그렇게 찾아낸 사실에 바탕을 두고 쓴 결실이 바로 이 책이다.

청일전쟁은 300여 개 번으로 나눠진 에도 시대와 작별을 고한 메이지유신 이후 27년 만에 맞이한 전쟁이었다. 거대한 적을 상대로 한 전쟁에 일본 국민은 열광하듯 결속했다. 일본 국민은 청일전쟁을 통해 탄생했다고 말해지는 이유다. 일본은 이 전쟁에서 승리하여 영토와 배상금을 획득하고 국제적인 지위를 얻었다. 빛나는 성공 경험으로 군국주의라는 일본의 이후 행보를 결정했지만, 이 성공 경험의 실체는 국민이 기억하는 것과는 상당히 달랐다.

우리는 최근 러시아가 우크라이나 전쟁에서 역사를 침략의 구실로 삼는 것을 목격했다. 동아시아에서도 오늘날의 긴장 상당 부분이 역사에서 비롯되었고, 그 큰 연원을 청일전쟁에 두고 있다.

근대 국민국가를 형성하는 신화의 역할을 한 역사에 대해 되묻는 작업이 필요한 단계에 와 있는 듯하다. 청일전쟁에 대해 질문해야 할 측이 비단 일본만은 아닐 것이다. 비전문가인 내가 전체 그림을 파악할 수는 없지만, 청나라에서는 패전 책임을 둘러싸고 전쟁의 실체가 은폐된 것으로 알려져 있다. 한국에서는 어떨까? 숨겨진 사실을 파헤치고 새로운 관점을 제시하는 연구자나 언론인의 등장을 기대해 본다.

2023년 초여름
와타나베 노부유키

차례

청일전쟁과 러일전쟁의 진실

머리말

    러일전쟁을 배경으로 한 시바 료타로司馬遼太郎의 『언덕 위의 구름坂の上の雲』은 일본인의 역사관을 크게 뒤흔든 작품이다. '군신軍神'으로 추앙받던 육군 대장 노기 마레스케乃木希典를 평범한 장군으로 그려냈고, 나라를 위한 어쩔 수 없는 희생으로 여겨지던 뤼순 요새 공략을 둘러싼 수많은 전사자에 대해 어리석은 작전으로 인한 불필요한 죽음으로 단정 지었다.

    일본인은 왜 그런 역사관을 갖고 있었던 것일까?

    시바는 작품 후기에서 이렇게 적었다.

    러일전쟁에서 승리한 뒤, 일본 육군은 확실히 변질되어 다른 집단이 되었다고 생각할 수밖에 없다. 전쟁 후 첫 번째 어리석은 행위는 정부가 엮은 『일러전사日露戰史』에서 모든 불리한 내용을 은폐한 것이다. 참모본부 편 『일러전사』는 총 10권으로 양적으로는 방대한 분량의 책이다. 전쟁 후 곧바로 위원회가 설치되어 1914년에 완성되었다. 하지만 이 책은 각 권에 첨부된 여러 지도를 제외하면 엄청난 에너지를 들인 것에 비해 책으로서의 가치는 거의 없다. 작전에 대한 가치 판단이 거의 이루어지지 않았고, 그것을 회피한 채 평면적인 서술에 그쳤다. 이유는 전쟁 후 논공행상에 있었다. 뤼순을 공격한 노기군의 참모장 이지치 고스케伊地知幸介에게까지 남작을 주는 전승국 특유의 총화식總花式을 거행했기 때문에 정부가 엮은 전쟁사에서는 작전의 당위성이나 가치를 논평할 수 없게 된 것이다. (중략)

이 때문에 국민은 아무것도 알지 못한 채 오히려 일본이 신비한 강대국이라는 것만 배우게 되었다. 소학교 교육을 통해 그렇게 믿게 된 세대는 결국 이후 쇼와 시대 육군의 간부가 되었다. 러일전쟁 당시의 군인들과는 질적으로 전혀 다른 인간 군상이라고 해야 할까, 광폭하다고밖에 말할 수 없는 자기 비대 집단을 만들어, 쇼와 일본의 운명을 엉뚱한 방향으로 끌고 나갔다.

나는 러일전쟁 10년 전에 일어난 청일전쟁에 대해 정부가 엮은 『일청전사日淸戰史』의 편찬과 관련된 자료를 접하게 되었다.

1894년에 시작되어 이듬해까지 이어진 청일전쟁은 오늘날 일본에서는 별로 주목받지 못하는 전쟁이다. 메이지유신 이후 부국강병의 근대화를 추진한 일본이 강대국이지만 낡은 체제로 '잠자는 사자'라 불리던 청나라를 상대로 쉽게 승리했다는 이미지는 있지만, 그 이상의 자세한 내용을 아는 사람은 많지 않을 것이다. 적어도 나는 그랬다.

역사의 수수께끼에 접근하는 연구와 역사의 공백을 채울 수 있는 자료를 계속 추적해 온 나는 그 자료에 무엇이 기록되어 있는지 관심이 많았다. 누군가 읽은 사람은 없는지 찾아보았지만, 전체를 읽어낸 연구는 접할 수 없었다. 어쩔 수 없이 직접 읽어보기로 마음먹었다. 자료는 수기로 쓰여 있었고, 400자 원고지로 환산하여 거의 1,000장 분량이었다. 읽어나가다 보니 분명하게 드러나는 내용이 있었다.

불편한 사실을 은폐, 조작하여 전쟁사를 편찬하는 작업은 『일청전사』에서 시작되었다. 『일러전사』는 그런 생각과 경험을 그대로 답습한 것이었다. 근대 일본은 처음으로 경험한 본격적인 대외 전쟁이었던 청일전쟁을 통해 전쟁의 역사적 사실을 후세에 어떻게 전할 것인지의 기본 방향을 정한 것으로 러일전쟁 이후 변질된 것이 아니었다.

자료에는 공표된 『일청전사』에서는 삭제된 많은 사실이 잠들어 있었다. 그런 숨겨진 사실을 파헤쳐 전쟁의 실체에 접근하려는 게 이 책의 일차 목적이다. 120여 년의 세월이 흐른 뒤 아마 처음 공개되는 청일전쟁의 실체이며, 많은 일본인이 지니고 있던 이미지와는 다소 다른 모습의 전쟁이 드러날 것이다.

일본 정부와 군이 국민에게 알리고 싶지 않았던 사실은 무엇이었을까? 그런 사실을 왜곡한 전쟁사가 '정사正史'로 여겨져 왔기 때문에 이후 일본인의 역사관은 어떤 영향을 받고 있을까? 그런 내용도 차례로 검토하고 싶다.

자료의 인용에는 오늘날 차별적이라고 여겨지는 단어도 그대로 사용했다. 가타카나로 된 문장은 히라가나로, 한자의 자형과 가나 쓰임새는 오늘날의 것으로 바꾸고, 필요에 따라 구두점을 보완했다. 인용문 중 어려운 단어나 생소한 인명 등은 '뤼순을 공격한 노기군의 참모장 이지치 고스케'와 같은 형태로 간단한 설명을 덧붙였다.

국명 조선은 청일전쟁 이후 1897년 대한제국(통칭 한국)으로 바뀌었고, 1910년 한국 강점 후 일본은 그 지역을 조선이라 불렀다. 수도는 한성, 한양, 경성 등으로 불렸으나, 인용 부분을 제외하고는 서울로 표기했다. 참모본부 차장은 시기에 따라 '참모본부 차장' '참모차장'으로 호칭이 변천했으나 직책상 큰 차이가 없어 엄격하게 구분하지 않고 '참모차장'으로 표기했으며, 어떤 부분에서는 '참모본부 차장'이라는 표기를 사용했다.

제1장

「일청전사 결정초안日淸戰史決定草案」

'사토 문고佐藤文庫'

이 책의 원작은 육군 참모본부가 『일청전사』 편찬 과정에서 작성한 「일청전사 결정초안」(이하 「결정 초안」으로 표기)이다. 후쿠시마 현립도서관의 '사토 문고'에 포함되어 있었다. 후쿠시마현 고리야마시의 사업가 사토 덴키치佐藤伝吉가 남긴 전쟁과 군사 관련 컬렉션으로 도서, 신문, 잡지, 문서, 포스터, 지도, 두루마리 그림 등 1만 3,378점으로 구성되어 있다. 1961년 사토 씨가 후쿠시마 현립도서관에 기탁하기로 했고, 1968년에 유족이 기증했다. 이 자료의 존재는 1990년대부터 역사학자 나카쓰카 아키라中塚明가 논문과 저술로 발표하여 알려졌다.

나카쓰카 씨의 연구를 통해 청일전쟁 개전 경위의 실체가 밝혀졌다. 참모본부는 1904년부터 1907년에 걸쳐 『일청전사』(이후 「공간 전사 公刊戰史」로 표기)를 총 8권으로 간행하여 이 전쟁의 정사로 여겨져 왔다. 조선 국내에 있는 청나라 병사를 몰아내 달라는 조선 정부의 요청을 받고 전쟁을 시작했다고 기록함으로써, 일본이 전쟁을 일으킨 대의명분으로 유포되었다. 하지만 실제로는 일본군이 서울 왕궁을 공격해 국왕을 사로잡고 정권을 전복시켜 강제로 얻어낸 의뢰였다는 것을 「결정 초안」은 명확히 기록했다.

전쟁사 편찬을 둘러싼 참모본부 내 회의 기록도 발견되었다. 전쟁 실상을 있는 그대로 기록하기 위해 작성된 「결정 초안」을 폐기하고, 일본 정부와 군이 알리고 싶지 않은 기밀 정보나 불리한 사실을 삭제

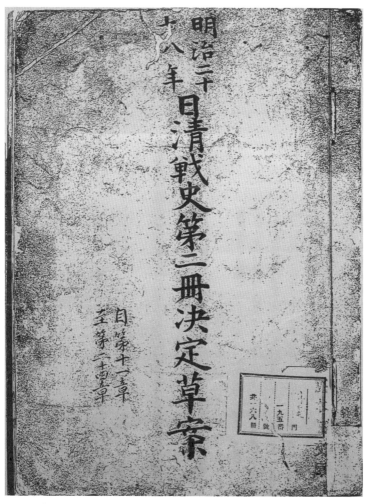

明治二十八年日清戰史第二冊決定草案 自第十一章至第二十四章

후쿠시마 현립도서관에 남아 있는 「일청전사 결정초안」의 표지.

하고 다시 작성해 「공간 전사」가 만들어졌다는 편찬 과정이 드러났다.

개전 경위 이외에 무엇이 기록되어 있을까? 나는 「결정 초안」의 전모를 밝혀줄 연구를 기다렸다. 그러나 아무리 기다려도 등장하지 않았다. 혹시 내가 놓치고 있는 것은 아닐까 하는 생각에 이 분야를 전문으로 하는 역사학자에게 물어보니, 안타깝게도 그런 연구는 아직 존재하지 않는다고 한다. 이 전쟁에 대한 일본 사회의 낮은 관심을 반영한 것일 수도 있지만, 아무리 기다려도 소용이 없을 듯했다. 그렇다면 직접 읽어보아야겠다고 마음먹었다.

네 종류의 초안

사토 문고에는 후쿠시마 현립도서관이 1965년에 만든 목록이 있는데, 국회도서관에서 볼 수 있었다. 청일전쟁사 관련 자료가 꽤 많이 포함되어 있다. 손으로 쓴 원고를 묶은 수기본만 해도 「일청전사」, 「일청전쟁 제1초안」, 「일청전쟁 제2초안」, 「일청전쟁 제3초안」 등 네 종류로 총 42권이 있다는 것을 확인했지만, 그 내용을 알 수는 없었다.

어떤 내용인지 확인해야겠다 싶어 후쿠시마시의 상징인 시노부야마信夫山 기슭에 위치한 후쿠시마 현립도서관을 찾았지만, 실물을 열람할 수 없었다. PDF 이미지가 담긴 CD를 대출받아 비치된 컴퓨터로 보았다. 1999년에 만든 CD라고 하는데, 「제15편 제68장 제1초안」 「제29편 제122장 제2초안」 등의 파일명이 있지만, 무엇이 들어 있는지는 열어보지 않고서는 알 수 없었다.

'참모본부 문고'라는 장서 도장이 나란히 찍혀 있었다. 원래는 육군 참모본부 내에 보관되어 있던 자료였던 게 틀림없었다. 그 이상의 내력은 알 수 없다고 했지만, 일본의 패전이라는 혼란과 육군이 해체되는

'참모본부 문고'의
장서 도장.

위의 도장은
'후쿠시마 현립도서관
사토 문고'의 장서 도장.

과정에서 소각되지 않고 반출되사, 사토 씨가 어떤 경로로 구매한 깃으로 짐작된다. 도쿄에 공습이 심해지자 육군은 오래된 자료를 옮겼는데, 거기에 포함되어 처분을 면했을 가능성도 생각해 볼 수 있을 것 같다.

파일을 하나하나 열어 내용을 확인하기 시작했지만, 상당한 시간과 인내심이 필요한 작업이라는 것을 금세 깨달았다. 게다가 코로나 사태로 컴퓨터 사용 시간도 제한되어 있었다. CD를 빌려줄 수 있냐고 물었더니, 외부 반출은 허용되지 않는다고 했다. 이대로라면 언제 끝날지 막막하다는 생각이 들었다. 개인이 도전하기에는 등산로를 찾는 일부터 쉽지 않은 상당히 험준한 산이었다. 도전하려는 사람이 나타나지 않는 이유 중 하나가 아닐까 하는 생각이 들었다.

뭔가 단서가 있을까 싶어 도서관 직원에게 물어보니 CD를 만들 때의 메모가 남아 있다며 보여주었다. CD에 수록된 자료를 A4 용지 한 장으로 일목요연하게 정리한 「일청전사(초안)」라는 제목이 적혀 있었다. '릴 번호'와 'PDF 페이지'라는 항목이 있는 것으로 봐서, 수기 원고는 그 이전에 마이크로필름으로 만들어졌고, 그것을 바탕으로 PDF를 만들어 CD에 담은 것 같다. '사료 번호'가 있고 '3-1'부터 '6-15'까지 47점의 파일을 수록하고 있는 것으로 나타났다.

메모를 목록과 대조해 보았다. 그러자 목록에는 「제1초안」에 'S223·6-S-4'라는 번호가 붙어 있고, 제본된 수기본이 16권 있다고 적혀 있었다. 메모에는, '4'는 분류 아래 '4-1'부터 '4-16'까지 16점의 파일이 있음을 표시하고 있었다.

혹시나 하는 마음에 파일을 열어보니, 「제1초안」의 제1책부터 제16책까지였다.

터널 끝에 희미하게나마 빛이 보이기 시작했다. 이제부터 필요한 것은 각 자료가 어느 단계에서 만들어진 것인지 파악하는 일이었다. 일단 완성된 원고를 고치는 작업이 시작된 것은 참모본부에서 전쟁사 편찬 담당인 제4부장이 교체된 1902년 2월 이후라고 볼 수 있다.

어딘가 그 흔적이 없는지 찾아보았다. 그러자 '4-1', 즉 '제1초안 제1책'에서 관련 사항을 발견했다. '1902년 9월 25일 탈고, 10월 2일 정정, 10월 28일 정서淨書, 1903년 6월 상관 수정'이라는 내용이었다. 「제1초안」이란 다시 쓰기 작업을 시작한 후의 첫 번째 초안으로 판단할 수 있을 것 같다. 그런 관점에서 다시 살펴보니, 「제1초안」의 표지 대부분에 "신임 전사 부원 외 열람 금지"라고 적혀 있었다. 「제2초안」에서도 같은 주의사항을 확인할 수 있었다. 이는 '신임 전사부' 체제가 출범한 후의 초안으로 봐도 무방할 것 같다.

이런 작업을 거쳐 사토 문고에 있는 「일청전사」 초안인 42권의 손글씨 제본본 가운데, 확실하게 재작성 작업이 시작되기 이전 단계의 것은 목록에서 「일청전사」로 표기된 3권으로 판단했다. 그 가운데 2권은 '참모본부'라고 인쇄된 원고지에 수기로 쓴 원고로, 표지에 「결정

足ラサルカ如シト難モ通信法不便ナル朝鮮国

＝抹殺スヘカラサル事情アリ乃チ旅團長ハ即夜抱川ニ

等二十一聯隊ノ第一中隊長大尉ニ騎兵四騎ヲ附シ並ニ警

聯隊ヨリ将校一名、下士二十名ヲ南大門ニ派シ並ニ

時ニ當リ適ク英國水兵二十二名兵八公使舘護衛ノ為

ノ京後ニ通知アリ十五日ニ至リ醫入京中止ノ為而シテ其翌十八日旅

一大隊ヲリ満員ノ一中隊員此時各中隊ハ諸種ノ等三等四

観一即チ編成其長大尉下枝ヲ植松里ニ經テ樓院方向ニ同聯四

原地方ヘ行軍セシメヲ以テ清兵若シ前進セハ之ヲ中

一三

「결정 초안」 원고는 주석의 문자열도 정리되어 완성 단계에 있다는 것을 보여준다.

초안」이라고 적혀 있었다. 나머지 한 권은 지도와 표 등을 담은 부록이었다.

남은 것은 13%

「결정 초안」 원고인 두 권을 출력해 가서 검토를 시작했다.

한 권은 「제2책」으로 제11장부터 제24장까지이고, 권말에 배치된 통계표 등의 부록 부분을 제외하고 본문만 443쪽이었다. 다른 한 권은 「제3책」으로 제25장과 제26장을 담고 있으며, 본문 부분은 427쪽이었다. 「결정 초안」은 전체적으로 122장으로 구성되었던 것으로 보이며, 그 가운데 16장 분량, 사토 문고에는 전체의 13%가 남아 있었던 셈이다. 참고로 「공간 전사」는 총 8권으로 50장으로 구성되어 있다.

목차에는 각 장의 페이지 번호가 표시되어 있고, 한 칸에 두 줄로 쓴 주석도 정리되어 있었다. '결정'이라는 제목에서 알 수 있듯이 간행 직전, 최종 단계의 원고로 봐도 무방할 것 같다.

청일전쟁은 한반도에서 시작되어 점차 중국 대륙으로 전장이 옮겨졌지만, 남아 있는 두 권은 모두 전쟁 초기인 1894년 한반도에서의 단계를 서술한 것으로 다음과 같은 장으로 구성되어 있었다.

제2책
제5편 풍도 해전과 성환 육전

　제11장 「성환 회전 이전의 일본군 혼성 여단의 정황」은 6월 말 단계
에서 시작되었고, 마지막 제26장 「평양 공략」은 9월 중순에 끝났다.

　「공간 전사」는 같은 3개월 남짓한 기간을 제1권 제6장 「일본군 정
황」부터 제10장 「평양 전투」까지로 담았는데, 그 분량은 267쪽이다.
참고로 제7장은 「재한 일본군과 청병의 교전」, 제8장은 「일청 양국의
선전宣戰과 작전계획」, 제9장은 「평양 전투 이전 일본군의 행동」이다.

　계산해 보면, 「결정 초안」 원고는 한 줄에 34자로 13행이므로 한
페이지에 442자이고, 「공간 전사」는 한 줄에 38자로 13행이므로 한
페이지에 494자이다. 단순하게 계산하면 「결정 초안」이 38만 4,540
자를 할애한 내용을 「공간 전사」는 13만 1,898자로 설명한 셈이다.

「결정 초안」에 포함된 분량의 대략 3분의 2를 「공간 전사」는 삭제한 것이다.

왕궁에 대한 공격

「결정 초안」의 존재는 청일전쟁이 일어난 지 100년이 되는 1994년에 나카쓰카 아키라 선생이 발표한 논문으로 알려지게 되었다. 이후 『역사의 위조를 묻다—전사에서 지워진 일본군의 '조선 왕궁 점령'』(1997년)을 비롯한 많은 저서와 논문에서 나카쓰카 선생은 「결정 초안」을 소개했고, 최근 출간한 『일본인의 메이지관을 묻다』(2019년)에서는 「결정 초안」으로 밝혀진 중요한 사실로 두 가지를 지적한다. 하나는 "조선 왕궁 점령은 일본 정부와 군의 계획에 의한 것이었다"라는 내용, 또 하나는 "조선 왕궁 점령은 일본군의 치밀한 작전 행동으로 실행되었다"는 내용이다.

이 두 가지를 확인하는 것으로부터 「공간 전사」와 「결정 초안」은 무엇이 다른지 살펴보기로 하자. 서울 왕궁을 둘러싼 1894년 7월 23일의 사건인데, 「공간 전사」는 이렇게 기록한다.

여단장은 보병 제21연대 제2대대와 공병 1개 소대를 왕궁 북방 산지로 옮겨 막영을 설치하려 했다. 인민의 소란을 피하려고 특히 23일 해가 뜨기 전에 여러 부대를 경성에 진입시켜 왕궁의 동쪽을 통과할 때, 왕궁 수문병과 그 부근에 주둔한 한병韓兵이 갑자기 나타나 우리에게 사격을 가했다. 이에 우리 병사도 급히 응사하여 방어했다. 우리는 무질서한 한병을 격파하고 경성 밖으로 퇴각시키지 않으면 언제 어떤 일이 다시 일어날지 알 수 없으므로 마침내 왕궁에 들어가 한병의 총격을 무릅쓰고 점차 그들을 북쪽 성 밖으로 몰아낸 다음, 대신해서 일시적으로 왕궁 사방을 지켰다. 야마구치 대대장은 이미 국왕이 옹화문 안에 있다는 소식을 듣고 부하들의 발포를 제지하고 국왕이 머무는 곳으로 갔다. 문 안에 많은 한병이 무리를 이뤄 소란을 피우는 정황이어서 한국 관리와 교섭하여 그 무기를 우리에게 인도할 것을 교섭했다. 이어서 국왕을 알현하여 양국 병사 간의 불의의 충돌로 인해 신금宸襟을 괴롭힌 것을 사죄하고, 맹세코 옥체를 보호하고 결코 위해를 가하지 않겠다고 아뢰었다.

용산에 주둔한 부대는 이 소식을 듣고 일시적으로 경성으로 출동했으나 이미 평정된 후였으므로 일부는 경성의 여러 문을 지키며 비상사태를 경계하고 나머지는 막영으로 돌아갔다. 그리고 오전 11시에 대원군이 왕궁에 들어왔고 이어서 오토리大鳥 공사와 한국의 여러 대신과 각국 공사도 연이어 왕궁으로 들어왔다. 이날 오후 오토리 공사는 한국 조정의 요청에 따라 야마구치山口 소좌가 이끄는 대대에 왕궁의 수비를 위탁했다. 오후 5시, 여단장은 그

막료들을 거느리고 기병 중대의 호위를 받으며 국왕을 알현하고 신금을 위로했다.

주둔지를 이동하기 위해, 혼란을 피하려고 일본군 한 대대와 공병 소대가 새벽을 이용하여 행군하고 있었다. 그런데 왕궁 옆을 지나가다가 갑자기 왕궁 수비병으로부터 사격을 당했다. 그래서 반격하여 수비병을 물리치고 왕궁 안으로 들어가 점령하고 수비병을 무장 해제했다. 이 소동을 듣고 서울 근교에 있던 일본군의 다른 부대도 서울로 들어왔지만, 이미 전투가 끝난 뒤였기 때문에 서울 시내를 둘러싼 성벽의 각 문에 배치해 비상사태에 대비했다. 오전 11시에는 국왕 고종의 부친 대원군이 왕궁에 들어왔다. 오후가 되자 조선 정부에서 일본의 오토리 공사에게 왕궁을 지켜달라는 요청이 있어 야마구치 소좌 부대에 맡겼다. 오후 5시, 일본 부대 사령관인 여단장이 왕궁에 도착하여 국왕을 만나 위로했다는 내용이다.

여기에 등장하는 여단은 히로시마에 주둔하는 보병 제11연대와 제21연대를 주축으로 한 혼성 제9여단으로, 여단장은 조슈長州 출신의 오시마 요시마사大島義昌 소장이었다. 오토리 공사는 조선 주재 공사 오토리 게이스케大鳥圭介로, 보신전쟁戊辰戰爭 당시 하코다테箱館 전투 등에서 막부 측 지도자로 활약했으나 이후 신정부에 발탁되어 주청 공사를 거쳐 서울에 부임했다. 대원군은 어린 나이에 왕위에 오른 국왕을 대신해 국정을 분담했지만, 국왕이 성장함에 따라 왕비 민씨 일가가 세력을 장악하면서 정치의 중심에서 멀어졌다.

이런 정황에 대해 「결정 초안」은 '조선 왕궁에 대한 위협적 운동의 실시'라는 제목을 내걸고 이렇게 적었다. 괄호로 묶은 것은 한 문자 간격에 작은 두 문자를 배열한 주석이다.

7월 23일 오전 0시 30분, 오시마 여단장이 공사로부터 전보를 받자마자 각 부대를 향해 계획 실행을 명령했다. 또 사람을 시켜 경의와 경인 사이의 전선을 절단시켜 청나라에 이 일이 빨리 전해지지 않도록 예방하고, 막료들을 이끌고 경성으로 들어가 일본 공사관으로 이동했다. 이에 각 부대는 예정대로 출발하여 계획을 실행했다. 먼저 다케다武田 중좌가 지휘하는 '작전의 핵심이 될 일행 (보병 21연대 제2대대와 공병 1개 소대)'이 행동에 나섰다.

다케다 중좌는 먼저 제6중대(중대장, 신리키노 스스무神力之進 대위)를 남대문으로 입성하여 왕궁 동쪽 건춘문에 도착해 안쪽에서 문이 열리기를 기다리라며 먼저 파견했다. 스스로는 다른 부대를 이끌고 왕궁 서쪽의 영추문으로 들어갈 목적으로 서대문으로 입성했다. 다만 왕궁의 여러 문이 닫혀 있는 경우에는 반드시 이를 파괴하고 침입할 각오로 보병 중위 가와치 노부히코河內信彦에게 제5중대에 2개 분대를 붙여 공병 소대와 함께 문을 열게 하고 그

문을 지키게 했다. 이 일행을 선두로 하여 제7중대(중대장, 다나베 미쓰마사田辺光正 대위), 제5중대(2분대 결원, 군기 호위)의 순서로 행진했다.

다케다 중좌가 이끄는 일행은 영추문에 도착했으나, 문이 굳게 닫혀 있어 들어갈 수 없었다. 북쪽의 금화문을 정찰했으나 역시 폐쇄되어 있었다. 영추문을 파괴하기로 결심하고 공병 소대가 폭약을 준비하여 시도했으나 폭약량이 적어 효과가 없었다. 세 번이나 시도했지만 결국 뚫지 못했다. 도끼로 시도했으나 역시 목적을 달성하지 못했다. 이에 장대를 담벼락에 세우고, 통역 와타나베 우사쿠渡邊卯作가 먼저 타고 올라가 성문 안으로 들어가고, 이어서 가와치 중위가 담을 넘어 안쪽에서 문을 열려고 했으나 역시 성공하지 못했다. 마침내 안팎에 맞는 톱으로 성문을 절단한 뒤 도끼로 성문을 부수고서야 겨우 문을 열 수 있었다. 오전 5시 무렵이었다.

중국으로 연결되는 전신선을 절단하고 행동에 나선 것이다. 수비병의 총격으로 우발적으로 시작된 것이 아니라, 왕궁 점령은 일본군이 치밀하게 계획하고 실행한 군사작전이었다. 공병을 동원한 것은 왕궁의 문을 열기 위한 것이었고, 폭약을 이용한 파괴도 실제로 시도했다.

「결정 초안」은 이후의 전개 상황을 이렇게 설명한다.

영추문을 파괴하자 가와치 중위의 2분대가 먼저 돌입하여 문을 수비하고 제7중대와 제5중대가 진입했다. 제7중대는 함성을 지르며 즉시 광화문에 진입하여 지키던 한병을 몰아내고 광화문을 점령하여 안쪽에서 문을 열었다. 1소대(소대장, 중위 도키야마 教造時山龔造)는 건춘문을 향해 나아가서 안에서 문을 열었다. 이때 지키던 한병은 1명도 저항하지 않고 모두 북쪽으로 달아났다.

또 제6중대는 예정대로 남대문에 진입하여 오전 4시 20분 건춘문에 이르렀다. 문밖에 한병이 그들을 향해 사격했다. 중대는 곧바로 응사했는데 5시가 지나서 영추문으로 들어가니 제7중대 1소대가 와서 내부에서 문이 열리자 즉시 문안으로 들어왔다.

제6중대는 건춘문으로 들어가, 북쪽의 춘생문, 신무문과 진거문을 점령하라는 임무를 받고 병사를 나누어 한병을 토벌하면서 왕궁 내부를 통과하여 북방으로 일제히 행진했다. 그런데 춘생문으로 향하던 부대가 왕궁 북쪽 외곽으로 나오자 북쪽 소나무 숲에서 한병의 사격을 받고 이에 응사했다.

이때 제5중대는 군기를 호위하면서 다케다 연대장, 야마구치 대대장과 함께 광화문에 있었다. 북방에서 극적인 총소리가 들리자 다케다 연대장은 군기 호위 임무를 제7중대(당시 광화문을 수비)로 옮기고 야마구치 대대장에게 제5중대를 이끌고 제6중대를 지원하도록 명령했다. 이에 제5중대는 즉시 건춘문 안쪽에서 성벽 안쪽을 따라 북진했다.

　제5중대가 도착하자 제6중대를 향해 저항하던 한병은 북쪽 왕궁 성벽을 벗어나 백악산 방향으로 패주하여 양측의 발포가 점차 완만해졌다(오전 7시 30분).

수비병 측의 반응은 산발적이었고, 조직적인 저항은 별로 없었던 것으로 보인다. 더 읽어보자.

　이미 왕궁 안의 한병을 거의 몰아내고 성벽 사방을 모두 일본군이 점령했다. 이제 남은 핵심적인 활동은 왕궁 내부를 수색하여 국왕의 행방을 찾아내어 이를 봉안하는 것뿐이다. 즉 야마구치 대대장(당시 왕궁 북쪽에 있던)은 제5중대와 제6중대 2분대에 수색을 명했다. 잠시 후 제5중대장이 "국왕은 옹화문 안에 있다. 한병이 지키고 있다"는 보고를 보내왔다. 이에 대대장은 먼저 부하들에게 발포를 금지하고 직접 왕의 행방을 찾아갔다(당시 국왕은 옹화문 내 함화당에, 왕비는 후궁인 집경당에 있었으나 전투가 시작되자 왕비는 함화당으로 거처를 옮겨 왕과 함께 있었다). 야마구치 대대장이 옹화문에 이르렀을 때는 제5중대 일부가 이미 문안에 있었다. 장교는 한국 관리와 담판 중이었다. 한국 관리들(우보장右補將 김가진金嘉鎭 등 수 명)이 대대장에게 "외무독판이 지금 오토리 공사에게 가서 담판 중이다. 그가 돌아올 때까지 군사가 옹화문에 머물지 않기를 희망한다"고 말했다. 이에 대대장은 "문안에 많은 한병이 있다. 만약 그 무기를 우리에게 넘겨주면 요구대로 하겠다"고 대답했다. 그들은 말을 듣지 않았다. 대대장은 곧바로 칼을 뽑아 앞에 있는 병사에게 겨누고 꾸짖으며 문안으로 돌진하려 했다. 그들은 매우 놀라 국왕의 재결을 받을 때까지 유예를 청하고, 잠시 시간을 내어 왔다 갔다 하다가 한병의 무기 교부를 승낙했다. 그리고 대대장은 국왕에게 알현을 청하여 허락받았다. 이에 대대장은 "지금 뜻하지 않게 양국의 군병이 교전하여 전하의 마음을 어지럽게 만들어 신하로서 유감스럽게 여기는 바입니다. 그러나 귀국의 병사들은 이미 무기를 우리에게 건넸습니다. 우리 병사들은 옥체를 보호하고 결코 위해를 입히지 않을 것입니다. 전하께서는 양해해 주길 바랍니다"라고 말했다. 이에 옹화문 안에 있던 한병의 무기는 물론이고 문안을 수색하여 숨겨둔 무기까지 압수하여 이를 진거문 밖으로 운반했다. 이사이에 제5중대는 옹화문에 집결하여 궁궐 주변에 초병을 배치하여 경계했다.

이 모든 작업이 완전히 끝난 것은 오전 9시가 넘은 후였다.

'7월 23일 전쟁'의 배경

「결정 초안」은 이런 행동을 '위혁威嚇'이라 적고 있지만, 타국의 왕궁을 공격해 점령하는 계획적인 군사행동이었다. 이런 사실이 밝혀지면서 역사학계에서는 '7월 23일 전쟁'으로 불러야 한다는 목소리도 나온다. 청일전쟁은 일본과 조선의 전쟁으로 시작됐다는 지적이다.

그렇다면 일본은 왜 이런 행동을 한 것일까? 7월 23일 왕궁 점령에 이르기까지의 배경을 「결정 초안」을 통해 추적해 보자. 파견된 혼성여단은 8천 명 규모였고, 여러 선단으로 나뉘어 수송된 총병력이 서울 근교에 집결한 것은 6월 29일이었다.

6월 29일을 기하여 경성과 그 부근에 집결한 혼성 여단은 당초에 도한渡韓을 명령받자, 수천의 비휴貔貅(전설상의 맹수, 즉 일본군)는 모두 표면적인 임무 외에 분명 청나라를 향하는 것으로 예상하지 않을 수 없었다. 마음속에 비친 영상은 조선이 아니라 오히려 청국이었다. 청나라에 한 번 정도 확실하게 타격을 가하고 고집을 꺾지 않으면 동양의 평화는 결코 영원할 수 없다는 사상이 일본 전 국민의 뇌리를 지배하고 있었기 때문이다. 군인의 감정은 이보다 더 무거우면 무거웠지 가볍지 않았다. 특히 수장인 오시마 여단장은 일본 남아의 용맹을 발휘하여 해외에 국위를 떨친 것은 300년 전 도요토미 히데요시 이후의 쾌거라며 용감하게 우지나항宇品

港을 출발했다. 하지만 뜻밖에도 오시마 여단장이 인천항에 도착했을 때, 모든 병력은 오토리 공사의 외교정책에 가로막혀 경성으로 진격할 수 없었다. 6월 18일에 입경하여 공사를 논박하는 일이 있었지만, 본국 정부도 출병을 주저하는 바람에 진군이 이루어지지 않았다. 이에 불만을 품고 열흘이 지났다. 그동안 전 병력을 신속하게 장악하여 북방에서는 아직 적병을 발견하지 못했고, 남방에서도 병력이 증가하지 않아 빠르게 진격하여 이를 격멸할 계획을 세우고 있었다. 다행히도 공사의 담판이 크게 진전되어 한국 조정이 속국 여부를 결정해야 할 날, 즉 6월 29일에 여단 병력을 경성 부근에 집결시킬 수 있었다. 또 공사로부터 한국 조정의 회답 여부에 따라 병력으로 왕궁을 포위하라고 요청받았다. 즉, 시기가 무르익었음을 기뻐하여 곧바로 준비를 각 부대에 명했다.

조선에 파견된 표면적인 임무와는 별개로 군인들의 시선은 조선이 아닌 중국 청나라를 향하고 있었다는 것이다. '표면적인 임무'는 무엇이었을까? 혼성 여단 파견에 이르기까지의 경위를 개괄적으로 살펴보자.

한반도 남부에서는 이해 봄부터 동학을 중심으로 결집한 농민들의 움직임이 활발했다. 동학은 유교와 불교 등 토착 사상과 종교를 바탕으로 한 신앙으로, 처음에는 지역 관료와 지주들의 가혹한 수탈에 대한 저항운동이었지만 세력을 급속히 확장해 정부군을 물리치고 5월에는 전라도의 중심인 전주를 함락시켰다. 일본에서는 '동학당의 난'으로 불리며, 최근에는 '갑오농민전쟁' 또는 '동학농민전쟁'으로 불리는 농민 반란이었다.

자력 진압이 불가능한 상황에 몰린 조선 정부는 6월 3일 종주국인 청나라에 원군 파견을 요청했다. 이에 청나라는 2,500명의 부대를 해로로 파견해 8일 동학농민군의 활동 지역으로 향하기 쉬운 아산에 상륙시켰다. 서울에서 남쪽으로 60km 정도 떨어진 지점으로, '남방의 병력'이란 바로 이 아산의 청나라 군대를 말한다. 한편 청국은 일본에 대항할 병력을 평양에 집중할 계획을 세웠고, '북방의 적병'은 이를 가리키는 것으로 볼 수 있다.

이런 움직임에 맞서 일본은 2일 각의에서 파병을 결정하고 4일에는 대본영 설치를 결정했다. 1882년 서울에서 일어난 임오군란 때 일본 공사관이 습격당했는데, 그 처리 과정에서 일본과 조선이 맺은 제물포조약 제5조 "일본 공사관은 약간의 병사를 배치하여 경호한다"가 출병 근거가 되었다.

서울에 파견된 병사들의 '표면적인 임무'는 '일본 공사관과 거류민을 지키는 것'이었다. 평시에 여단은 두 개의 보병 연대로 구성되어 3천 명 정도였지만, 포병, 기병, 공병, 야전병원, 그리고 탄약과 식량을 보급하는 병참 기능 등을 추가하여 단독으로 군사행동을 완수할 수 있는 전시 태세로 편제된 것이 혼성 여단이며, 8천 명 규모였다. '약간'이라는 표현이 어울리지 않는 공사관과 거류민을 지키기에는 상당히 큰 규모의 군대였다. 선발대는 9일 히로시마의 우지나를 출항해 12일 인천에 도착했다.

그러나 서울의 오토리 공사는 10일, 정세가 평온하고 내란이 확대될 우려가 적다며 선발대 이후의 파병을 중단할 것을 도쿄 정부에 요청했다. 이에 대해 무쓰 무네미쓰陸奥宗光 외상은 후속 부대는 이미 출항했기 때문에 어쩔 수 없다고 답했다. 이어 무쓰 외상은 13일 오토리 공사에게 "아무 일도 하지 않거나 아무 데도 가지 않고 마침내 그곳에서 빈손으로 귀국하게 된다면 이는 매우 볼품없는 일일 뿐만 아니라 정책적으로도 득이 될 것이 없다"는 생각을 전했다.

후속 부대는 16일에 인천항에 도착했다. 오시마 여단장은 18일에 서울에 들어갔으나, 오토리 공사의 요청에 따라 부대는 인천에 머물렀다. "경성으로 진격할 수 없었다" "불만을 품고 열흘이 지났다"는 것은 그런 상태를 가리키는 것 같다.

혼성 여단의 마지막 부대가 인천에 도착한 것은 27일이고, 서울 근교 용산에 총병력이 집결한 것이 「결정 초안」이 전하는 29일의 상황이었다.

27일 도착한 부대와 같은 선편으로 무쓰 외상의 훈령이 오토리 공사에게 전달되었다. 그 내용은 "형편상 개전은 피할 수 없다. 따라서 우리에게 부담이 되지 않는 한, 어떤 수단을 써서라도 개전의 구실을 만들어야 한다"라는 지시였다. 전쟁을 시작하기 위한 구실을 어떻게든 만들라는 명령이었다.

이에 오토리 공사는 "조선이 청나라의 속국이냐"고 조선 정부에 물었다. 위 인용문에서 "한국 조정의 회답 여부에 따라 병력으로 왕궁을 포위하라"라고 말한 것은 이에 대한 회답이다.

이어 「결정 초안」은 이렇게 적었다.

그러나 그날 이후 공사로부터 아무런 통보가 없었다. 다음 날인 30일 정오에 이르러 "독립이라고 대답했다"라는 전보를 접한 여단장은 그 결과 분명 남진할 것으로 예상하고 이를 대본영에 전보로 알렸다. 이에 대본영이 "경솔히 경성 부근을 떠나서는 안 된다"는 전훈(7월 1일 경성 도착)을 발령하여 제지한 사실은 제1편 제2장에서 말한 것처럼 여단의 남진이라는 희망도 잠시 포기하지 않을 수 없게 되었다.

혼성 여단장은 7월 1일부터 이후 7월 19일경까지 약 20일 동안 수천 명의 병력을 거느리고 외교담판의 진행을 기다리며 공허하고 고심에 찬 처지에 놓여 있던 시기를 보냈다. 즉 청나라 병사가 경성으로 밀려든다는 정보가 여기저기서 점차 들려왔고, 1일부터 급격하게 전략상 선제공격의 기회를 놓칠 것 같았다. 한국 왕은 오토리 공사의 엄중한 담판에 곤궁해져 움직일 수 없게 되어 북한산으로 도망치려 한다는 풍문이 나돌았다. 조선 관민들은 조만간 청나라 군대가 입경할 것이라 믿고 있었기에 태도가 불경스러워졌고, 열국 사람들, 특히 영국인들은 항상 뭔가 일을 만들어 혼성 여단과 여러 수단으로 충돌을 시도하고, 수병을 경성에 들여보내어 암암리에 일본군과 대치하려 했다.

혼성 여단은 아산의 청나라 군대에 비해 수적으로 우세한 상태에서 공격을 감행하려 했다. 조선 정부가 "청국의 속국이냐"라는 질문에 "속국이 아니다. 독립국이다"라고 대답하면 속국의 보호를 위해 출병한 청국군은 대의명분을 잃게 되므로 전쟁을 시작하는 데 지장이 없을 것이라고 여단장은 생각했던 것 같다. 하지만 일본 정부는 "어쩔 수 없이 전쟁을 시작했다"는 상황을 만들고 싶었다. 이를 위해 조선 정부에 무리한 내정 개혁을 강요하는 등 외교적 협상을 더 벌일 생각이었다. 그사이 청나라가 추가 병력을 보내거나 서울로 진군할 것이라는 정보나 소문이 여단장에게 계속 전해지고 있었다.

「결정 초안」은 "그러나 일본 정부의 움직임은 여전히 평화적 교섭의 영역을 벗어나지 않고 있다. 혼성 여단은 여전히 방관할 수밖에 없다"라고 군인으로서의 답답한 심정을 밝히고 있다.

시기가 왔다

상황이 움직이기 시작한 것은 7월 19일이었다.

그러는 사이 오시마 여단장이 갈망하던 때가 왔다. 7월 19일에
이 시기가 왔다. 이날 새벽, 후쿠시마福島 중좌는 도쿄에서 경성으
로 귀임하는 길에 대본영의 속내를 여단장에게 전하며, "청국이 장
차 군사를 증원하면 독단적으로 처리해야 한다"고 말했다. 이는 확
실히 7월 12일 일본 정부의 결심에 따른 것이었다. 여단장은 스스
로 정황을 판단하여 필요하다고 인정하면 독단적으로 행동할 수
있다는 것이다. 아, 이날 즉 7월 19일은 혼성 여단을 위해 얼마나
기쁜 날인가.

12일 일본 정부의 결심이란 청국이 추가 병력을 보내면 이를 사실
상 선전포고로 간주하겠다는 것이었다. 청군 증원부대가 2~3일 안에
출발할 것이라는 정보를 입수한 오시마 여단장은 곧바로 오토리 공
사를 만나 결심을 전했다. 20일 안에 청군 증원부대의 출발이 확인되
지 않으면 보병 1개 대대를 서울에 남겨두고 행군 명목으로 여단은 21
일 아산으로 출발한다. 증원부대의 출발이 확인되면 텅 빈 서울이 공
격당할 우려가 있어 아산을 향한 남하를 잠시 보류한다. 만약 여단이
남하를 시작한다면 청나라군을 공격할 명분을 만들기 위해 조선 정

부와 협상을 진행해 달라고도 요청했다. 「결정 초안」은 "공사는 이를 승낙했다"라고 전한다.

혼성 여단은 남하를 위한 준비를 시작했다. 이런 상황에서 20일 오후 1시 혼노本野 참사관이 여단장을 찾아와 오토리 공사의 생각을 이렇게 전했다.

근래에 조선 정부가 갑자기 강경하게 변하여 우리에게 철병을 요구해 왔다. 이에 우리의 모든 요구를 거부하는 것으로 간주해 단호한 조치에 나서지 않을 수 없다. 오늘 조선 정부를 향해 청군을 철수하는 요구안을 제출하고, 그 회답을 22일로 한정했다. 만약 기한 내에 확실한 대답을 받지 못하면 먼저 보병 1개 대대를 경성에 투입하여 위협을 가하고, 그래도 우리의 뜻을 관철시키지 못하면 여단을 진격시켜 왕궁을 포위할 것이다. 그런 다음 대원군을 추대하여 궁궐에 들어가게 하고, 그를 정부의 수령으로 삼아 아산 청병의 격멸을 우리에게 맡기게 하려 한다. 그래서 여단의 출발을 잠시 미루어 두었다.

전쟁을 시작할 명분을 외교적 협상으로 만들 수 없을 뿐만 아니라, 조선 정부의 태도가 강경해져 일본군의 철수를 요구하기 시작했다. 이렇게 되면 어쩔 수 없다. 최후통첩을 내렸으니 그 회답에 따라 무력으로 위협하거나 정권을 교체할 수밖에 없다. 이를 위해 남하를 기다려 달라는 요청이었다.

남하를 연기하면 그동안에 청군의 추가 병력이 도착할 우려가 있어 군사적으로 불리했다. 하지만 "개전의 명분을 만드는 행위 또한 가벼이 할 수 없다. 특히 조선 정부가 일본 공사의 수중에 있다면, 여단이 남하하는 동안 경성의 안전을 지키는 데 수월하다. 또 행군에 관해서는 군수물자 운반, 징발 모두 편의를 얻을 수 있을 것이다"라고 판단해 여단장도 동의했다고 「결정 초안」은 설명한다.

혼노 참사관이 여단 사령부를 떠난 지 얼마 지나지 않아 여단장에게 대본영의 전보가 도착했다. 다음과 같은 내용이었다.

우리 함대는 23일 사세보佐世保를 출발하여 조선 서해안 풍도 또는 안면도에 근거지를 두고, 청국이 혹시 조선에 군사를 추가로 보내면 기꺼이 그 군함과 운반선을 격파할 것을 명한다. 청나라 군대가 증가하는 형편이면 그 일부가 경성에 머물러 기존의 임무를 계속하여 적의 증가를 막고 주력을 동원해 눈앞의 적을 격파해야 한다.

이 전보로 19일 후쿠시마 중좌가 가져온 '대본영의 내심'이 여단장의 공식 임무가 되었다. 여단은 한시라도 빨리 남하할 필요가 있었다.

하지만 서울 왕궁의 '위협'도 중요했다. 그래서 21일 오토리 공사와 협의하여 조선 정부가 기한이 지나도록 명확한 답변을 하지 않을 때는 예정된 1개 대대가 아닌 여단의 거의 모든 부대를 투입하여 왕궁을 공격하기로 했다.

여기서 「결정 초안」은 "혹시 독자 중에 의심하는 자가 있는가"라고 되묻는다. 20일 전보로 전달된 대본영의 명령은 원래 일본 정부가 12일에 결정한 방침을 그대로 수용한 것이고, 후쿠시마 중좌가 가져온 대본영 훈령도 같은 성격의 것이었다. 그것이 왜 20일까지 여단장에게 직접 전달되지 않았는지 의문을 품는 독자가 있으리라는 질문이다.

이에 대해 「결정 초안」은 "이런 사실에 이르게 된 원인을 상세히 설명하여 당시 대본영과 내각 사이에 놓여 있던 사정을 알리겠다"라며 이렇게 설명한다.

대본영의 의도는 이번 사변 초기부터 청국에 대해 항상 전략적으로 기선을 제압하려는 것이었다. 명분이 허락하는 한 주동자가 되려 했으나, 내각은 이에 반하여 어디까지나 수동적인 입장에 서고자 했음은 제1편 제2장에서 말한 바와 같다. 그러므로 7월 12일경 내각은 단호하게 결심하여 사태를 신속히 추진해야 했음에도 불구하고, 여전히 당초 방침을 전혀 벗어나지 못했다. 또 당시 러시아 조정이 아직 그 종결을 보지 못한 상태였다. 이런 상황에서 대본영의 명령을 전보로 전달하여 여단의 독자 행동을 촉구하여 오히려 주동적인 위치에 서는 것을 염려하여 이를 발령하지 않았다. 후쿠시마 중좌가 경성에 도착한 무렵에는 형세가 매우 급박해졌다. 러시아 측의 조율도 끝이 날 것이니 적어도 그 시기가 올 때까지는 명령을 미루고 싶어 했다. 이런 취지에 따라 대본영도 후쿠시마 중좌가 출발할 때 그저 구두로만 내심을 전했다. 후쿠시마가 경성에 도착했다는 소식을 듣고서야 비로소 공개적으로 이 명령을 내리게 되었다.

대본영은 최대한 빨리 공격을 시작하고 싶었지만, 내각은 어디까지나 "청나라가 쳐들어왔으니 어쩔 수 없었다"라는 방식으로 전쟁을 벌이고 싶었다. 당시에는 아직 러시아의 중재도 진행 중이어서 내각은 전쟁을 개시하기로 정하긴 했지만, 현지 여단장에게 직접 전달하면 전쟁이 곧바로 시작될 것을 우려한 조치였다는 것이다. 의문점을 애매모호하게 하지 않고 그 이유를 제대로 설명하는 것이 「결정 초안」의 기본 편집 방침이었던 것 같다.

배치와 임무

공사와의 협의를 거쳐 22일 오전 여단장은 각 부대장에게 작전명령을 내렸다. 그 배치와 임무를 일목요연하게 정리하여 「결정 초안」에 게

재했다. 그 일부를 소개한다.

조선 왕궁에 대한 위협적 운동 계획

1. 부서와 임무

여단 사령부

　경성 공사관 내로 이전.

보병 제11연대(연대장, 중좌 니시지마 스케요시西島助義)

　본부 용산에 두고 연대장에게 동 지역에 주둔한 각 부대의 지휘를 맡긴다. 단, 군기 호위 장교 이하 35명의 부대는 이에 속한다.

제1대대(대대장, 소좌 이치노헤 효에一戸兵衛)

　본부

제1중대(중대장, 대위 마치다 사네요시町田実義)

제2중대(중대장, 대위 간난 다마키河南環)

거류지 수비를 위해 오전 4시에 와성대和城台에 집결하여 종루鐘楼까지의 시가지 부분을 경계한다. 다만 제1중대 1소대(소대장, 소위 노마 분타로乃万文太郎)는 오전 2시에 출발하여 남대문에, 제2중대 1소대(소대장, 중위 이마이 겐今井建)는 동시에 출발하여 서대문에 이르러 외부에서 들어오는 여러 부대를 위해 문을 열어야 한다. 필요하면 파괴해도 상관없다.(경성의 여러 문은 매일 일몰부터 일출까지 폐쇄하도록 규정되어 있다.)

제3중대(중대장, 대위 노리모토 소다이乘本崇台)

오전 2시 30분 출발, 동대문과 남소문 점령을 맡음.

제4중대(중대장, 대위 시모에다 간이치로下枝観一郎)

오전 2시 출발, 동소문 점령을 맡음.

각 부대에 대한 명령이 상세히 적혀 있었다.

남대문과 서대문은 필요하다면 파괴해도 좋다고 명령했다. 그 밖에도 '연대 막사 순찰, 식사 운반 호위, 필요한 외국인 보호'를 명령받은 중대도 있고, '오전 3시 반에 출발하여 이하응의 저택에 이르러 이하응의 호위를 담당하라'고 명령받은 중대도 있다. 이하응은 앞서 소개한 국왕의 아버지 대원군을 가리키는데, 청국과의 관계를 중시하는 민비 일가에 의해 정권에서 밀려나 있었다. 정권을 전복시킨 뒤 정권 수반으로 내세울 계획을 세우고 있었다.

"왕궁 동북 방향 고지를 점령하라"라는 명령에는 "이 고지대에는 당시 포대와 같은 옥폭단玉瀑壇이 있는데 포문 방향이 일본 공사관을 향하고 있어 만일의 위험을 고려하여 여기에 병력을 배치한다"는 주석까지 달았다.

그리고 각 부대에 내린 주의사항을 이렇게 기록했다.

하나, 한병이 발포할 시에는 정당 방어를 위해 이에 응할 것.

하나, 경성을 떠나는 한인은 동소문, 동대문, 남소문에서 이를 허락할 것. 한병의 퇴거도 마찬가지.

하나, 서양인은 가급적 아현산으로 피난시킬 것. 단, 어떤 경우라도 문을 나서는 자에게는 호위병 2명을 동반시킬 것.

하나, 가급적 사격을 피하고 각국 공관 방향으로 탄환이 가지 않도록 주의할 것.

하나, 만약 사격하지 않을 수 없는 경우에는 각 부대 상호 간의 사격을 주의하여 해를 입히지 않도록 할 것.

하나, 국왕의 몸이 다치지 않도록 할 것.

"이 모든 준비를 마치고 여단장은 밤새도록 잠을 자지 않고 때를 기다렸다."

23일 오전 0시 30분, 공사로부터 전보가 도착했다. '계획대로 실행하라'는 내용이었다. 이렇게 계획, 실행된 것이 왕궁 공격, 점령이었다.

의뢰 유무와 무관하게

이런 경위를 바탕으로 왕궁을 점령한 이후의 단계로 넘어가 보자. 「공간 전사」는 그 이후의 전개를 이렇게 기록한다.

7월 23일, 경성에서 한병의 폭거는 뜻하지 않게 한일 양 병사의 충돌로 이어져 한국 조정의 경질을 재촉했다. 국왕은 대원군에게 칙명을 내려 정무를 총람하게 하고, 외무독판을 오토리 공사에게 보내 내정 개혁에 참여하기를 바랐다. 이는 곧 조선의 비정秕政을 개혁하여 독립을 군건히 하는 실마리를 여는 것이니 적어도 독립과 모순되는 사항은 명실공히 존재하지 않는다. 따라서 속국 보호라는 명분으로 온 청나라 군대는 이제 한국에 주둔할 수 없게 되었다. 24일, 대원군이 새 내각을 조직하자 오토리 공사는 새 내각에서 청병의 철수는 공사의 대변代弁에게 맡겨야 한다는 것을 깨닫고 오시마 혼성 여단장에게 그 뜻을 전하게 했다. 그런데 청나라의 증파 병력은 이미 배에 몸을 실었고, 또 우세한 청병은 평양 부근에 집중하여 머지않아 남하할 것이다. 위기가 눈앞에 닥쳤으니 지금 당장 그들을 제압하지 못하면 우리가 그들에게 제압당하는 날이 며칠 남지 않을 것이다. 이제 혼성 여단은 눈앞의 적을 격파하여 적을 상대하지 않을 수 없는 마지막 시점에 이르렀다. 한시라도 주저앉을 여유가 없다. 이에 여단장은 한국 조정의 의뢰가 있든 없든 관계없이 먼저 아산의 청병을 소탕하고 신속히 돌아와 북방의 청병에 대비할 여유가 없으므로 25일에 출발하여 남하하기로 정했다. 그런데 얼마 전 평양 지방으로 파견한 장교 척후병으로부터 아직 확실한 정보를 얻지 못했지만, 최근 대본영 등의 정보를 종합해 보면 조만간 청군이 남하하리라는 사실은 의심할 여지가 없다. 따라서 경성 북방의 수비는 결코 느슨하게 해서는 안 된다. 더구나 경성 민심이 아직 정해지지 않았기 때문에 경성을 비워두기 어렵고 그 밖에 용산과 인천 등에도 수비병이 필요했다.

조선 병사의 '폭거'로 인해 어쩔 수 없이 전투가 발생했고, 그 결과 민비 일족을 정권의 핵심에서 몰아내고 국왕은 아버지 대원군에게 그 자리를 맡겼다. '비정'이란 나쁜 정치를 뜻하는데 그 개혁을 위해 국왕은 오토리 공사에게 협조를 요청했다. 조선은 독립된 나라이며, 종주국으로서 출병했다는 청나라의 주장은 인정할 수 없으며, 조선 내에 존재하는 것은 허용되지 않는다. 증파된 청나라 병사들은 이미 조선으로 향하고 있고, 이대로 가다가는 위기를 맞을 것이다. 그래서 우선 아산의 청군을 치기 위해 남하를 결정했다는 설명이다.

읽다가 눈에 띈 것은 '한국 조정의 의뢰가 있든 없든 관계없이'라는 문장이다. 조선 정부의 의뢰가 있든 없든 상관없다는 말이다. 이 의뢰를 받아내기 위해 왕궁을 공격한 게 아니었을까? 이를 위해 정권을 전복시키고 정치의 실권을 잡기 위해 일본은 대원군을 내세운 게 아니었을까?

실제로는 어땠을까? 그 사정도 「결정 초안」이 상세히 전한다.

제14장 「성환 전투」에서는 "6월 하순 이후 경성 부근에서 간접적으로 오토리 공사의 한국 사업을 방조하던 오시마 혼성 여단장은 7월

23일 직접 조선 왕궁을 향해 위협적인 행위를 하여 공사의 희망을 꺾어놓았다. 이제 7월 19일 이후 대본영에서 허락한 아산 주둔 청병의 격퇴를 실행하고자 다음 날인 24일까지 남진 준비를 마치고 25일을 기해 경성 부근을 출발하기로 결심했다"라고 말했다.

청나라가 평양에 대규모 군대를 보낼 거라는 정보는 대본영과 청나라에 주둔하는 무관을 통해 계속 전해졌다. 그렇게 되면 북방의 위협이 커져 서울을 비워둘 수 없는 상황이었다. 그러나 여단장은 "이런 보고에 무게를 두지 않는 관습을 따른다" "대본영의 통보도 단지 계획을 듣는 것에 그친다"며 그런 정보에 휘둘리지 않고 시선은 남방의 청군을 향해 있었다고 「결정 초안」은 적고 있다. 그 이유를 이렇게 설명한다.

당시 사정에 확실히 비추어 볼 때, 혼성 여단 남진의 목적인 결전의 성패는 실로 일본의 한국 사업의 소장消長과 관련해 매우 크다. 이하응을 비롯하여 조선 정부의 위아래 인사들은 눈앞에서 오토리 공사가 대군을 거느리고 위협을 가하는 것을 두려워하여 표면적으로는 굴복하여 그 지시를 따르고 있다. 하지만 사대당事大党의 내심으로는 원래 이를 기뻐하지 않고 오히려 후일 청나라의 견책을 두려워하고 있음은 의심할 여지가 없기에, 혹시라도 이 결전에서 일본군이 패배하면 저들은 곧바로 청나라로 돌아서서 그들에게 붙을 것이다. 일본 정부가 종래 이 반도에 부식한 세력이 갑자기 무너질 것이 틀림없다. 그러므로 그들의 거청취일去淸就日의 결심을 군히기 위해서는 이 전투에서 승리하지 않을 수 없다. 즉 일본의 한국 사업의 성패는 이제 혼성 여단의 양어깨에 달려 있다. 이즈음 기존 보고에 의하면 아산의 청병은 2천 명을 넘지 않는다. 또 조만간 청나라의 2차 출병이 예정되어 있어 아산의 청병은 더욱 늘어날 것이다. 따라서 여단장은 되도록 우세한 병력을 이끌고 이에 대비하여 만전을 기하기 바란다.

무력에 의해 강제로 정권을 교체했지만, 후임으로 세운 대원군을 비롯한 조선의 유력자들은 일본에 대해 겉으로는 복종하는 체하면서 마음속으로는 배반하는 면종복배面從腹背의 상태로 의도한 대로 움직이지 않았다. "경성 민심의 향배가 아직 정해지지 않았다"는 글귀도 보인다. 어차피 싸우면 청군이 이기고, 그러면 상황이 또 달라질 것이라는 생각이 서울을 지배했던 것 같다. 일본군은 아산에서 청군과 싸워 실제로 승리하는 모습을 보여줘야만 했다.

7월 25일, 남진하는 각 부대는 예정대로 출발하고 여단 사령부는 여전히 경성에 머물러 있었다. 여단장이 처음부터 희망한 아산의 청병을 격퇴할 명분인 조선 왕조 정부의 의뢰서와 일본군을 위한 보급의 편의를 도모하라는 지방청에 대한 조선 정부의 명령서는 지난 24일에 신구 정부 교체로 인한 혼잡한 상황에서 얻을 수 없었기 때문에 가급적 오늘(25일)이라도 이를 손에 넣고 출발할 수 있기만을 바랐다.

비록 19세기라 해도 남의 나라에서 함부로 전쟁을 일으켜서는 안 된다. 대의명분인 청군 토벌 의뢰서를 조선 정부는 좀처럼 내놓으려 하지 않았다. 일본군의 식량 확보에 협조할 것을 현지 관리에게 명령하는 문서도 구하지 못했다.

늦어도 이날(25일) 오전 중에는 입수할 것으로 예상한 조선 정부의 의뢰서와 명령서는 오토리 공사의 적극적인 주선에도 불구하고 이하응의 승낙을 쉽게 얻지 못해 결국 반나절을 허송세월하고 말았다. 지금 각 부대는 이미 출발하여 바로 행군 중이었다. 여단 사령부의 출발을 더 이상 미룰 수 없었다. 즉 여단장은 이를 손에 넣지 못하고 오후 2시 30분에 사령부를 이끌고 경성을 출발, 3시 30분에 동작진에 이르렀다. (중략) 오후 6시경, 과천에 도착했다. 즉 선봉에 속하는 보병 제21연대 제7중대, 공병 중대와 전신 부대는 냉정에, 여단 사령부와 기타 각 부대는 과천 시가지 서남쪽 소나무 숲에 진을 쳤다. 이 동안 길가 주민들 모두는 매우 냉랭하고 냉담해 대부분 미리 소, 말, 쌀, 조를 숨겨서 징발을 피했다. 이 날 밤 각 부대는 병사들이 휴대한 쌀을 모으고 약간의 부식을 먹을 수 있었다.

군대는 출발하여 남하를 시작했지만, 길가 주민들은 냉담하여 짐을 운반하는 소와 말, 식량을 징발할 수 없었다. 행군 첫날임에도 불구하고 저녁 식사는 병사들이 휴대한 쌀을 모아 끼니를 때울 수밖에 없었다.

궁지에 몰린 대대장

26일이 지나도 상황은 호전되지 않았다. 전날 수원에 도착한 선봉 부대는 밤사이에 "징발된 조선인 인부와 말들이 어제 행군의 고초를 견디지 못하고 대부분 도주했기"때문에 아침이 밝아도 출발하지 못했다. 보병 제21연대 제3대대에서는 "대대장 고시 마사쓰나古志正綱, 27일 오전 5시, 책임을 지고 자결"하는 사태가 발생했다.

고시 대대장의 자살은 「공간 전사」에도 기록되어 있다. 「결정 초안」이 다른 점은 궁지에 몰린 상황을 다음과 같이 상세히 기술했다는 점이다.

오늘 아침(25일) 오류동을 출발한 보병 제21연대 제3대대(대대장, 소좌 고시 마사쓰나)는 제2야전병원과 함께 방엽두防葉頭, 안양, 군포를 거쳐 수원으로 향했다. 도중에 길 없는 숲을 지나거나 또는 다리 없는 물을 우회했다. 특히 더위가 기승을 부렸다. 각 병사의 고충은 이루 말할 수 없었다. 안양에 이르렀을 때, 해가 이미 저물어 9시 40분, 선두가 수원에 들어갔다. 그러나 낙오병이 앞뒤에서 발생했고 식량과 물이 없어 고통스러웠다. 모두 치료할 방법도 없었다. 이와 같은 광경으로 그 후미가 모두 수원에 도착한 것은 바로 이튿날인 26일 오전 5시쯤이었다. 그 행로가 십여 리에 이르렀다.

한여름, 뙤약볕 아래 행군은 혹독했다. 탄약과 식량을 운반할 인력이 부족해 행군을 더욱 힘들게 했다. 여단의 선발 부대였던 고시 소좌가 이끄는 대대는 도주가 가장 심해 남은 말이 12두밖에 없었다고 기록되어 있다. "말과 마부들의 도주로 급양대는 이날 점심으로 먹을 쌀이 부족해 밥을 지을 수 없었다"고 고충을 토로한다.

어쩔 수 없이 수원에 머물며 다시 운반 방법을 정돈하기 위해 '힘을 다해' 말과 마부를 모았다. 하지만 모이는 곳마다 도망치는 일이 잇따랐고, 결국 모두 도망쳐서 부대는 꼼짝도 할 수 없게 되었다. 어쩔 수 없는 사태에 처한 대대장은 자살을 결심했다.

고통 속에서 남하를 계속한 혼성 여단의 규모를 「공간 전사」는 "전투원 보병 3천 명(보병 15개 중대), 기병 47기, 산포 8문"이라고 기록한다. 하지만 거기에는 비전투원 숫자가 없어 연구자들은 전체 규모를 파악하기 위해 다양한 추정을 시도했다.

그런데 「결정 초안」에는 "여단 남진 병력은 다음과 같다"며 부대 편제를 표시한 뒤, "즉 전투원 3,440명, 비전투원 1,027명"이라고 인원을 명시했다.

역사학자 하라다 게이이치原田敬一의 연구에 따르면, 이 부대를 움직이기 위해 야전부대의 탄약 등 군수물자 운반에 조선인 인부 1,038명과 조선 마필 390두, 식량 수송에 조선인 인부 약 2,000명과 조선 마필 700두를 현지에서 징발할 계획이었다고 한다.

그 정도의 인부를 어떻게 확보할지 충분히 검토한 것으로 보이지는 않는다. 서울에서 일본군이 무슨 일을 저질렀는지 이미 전해졌을 것이다. 그런 군대가 오면 사람들이 도망치는 것은 당연하다. 병사들 몫도 부족한 상황에서 인부들의 식량과 물은 어떻게 확보할 생각이었을까? 일본 육군으로서는 국외에서 외국 정규군과의 전투가 처음이었지만 아무리 생각해도 준비가 부족했다.

그런 고심에 빠져 있던 26일 밤 10시경, 오토리 공사로부터 기다리던 의뢰를 받았다는 연락이 여단장에게 도착했다. "아산 주둔 청병을 철수시키는 것과 관련하여 지난 25일 조선 정부로부터 외무독판의 기명날인을 받았다"는 내용이었다. '말과 마부 고용에 관한 총리아문의 문서'도 동시에 도착했다. 지방 관리들에게 말의 확보에 협조할 것을 명령하는 내용이었다. 이로써 현지의 협조를 어느 정도 얻어낸 것으로 보이지만, 상황이 크게 개선되지는 않았다.

풍도 해전

이렇게 아산의 청군을 공격할 대의명분을 얻은 일본군이었지만, 본격적인 전투는 이미 25일에 해상에서 시작되었다.

23일 사세보를 출항한 일본 해군의 요시노吉野, 아키쓰시마秋津洲, 나니와浪速 3척과 증원부대 수송을 호위하던 청국 해군의 제원濟遠, 광을廣乙 2척이 아산만 앞바다에서 마주쳐 불이 붙었기 때문에 풍도 해전이라고 부른다.

일본 측 3척은 연합함대의 선봉인 쓰보이 고조坪井航三 소장이 지휘하여 일대의 해역을 정찰한 뒤 인천에 파견한 야에야마八重山, 오시마大島, 무사시武蔵 3척과 합류할 계획이었다. 그러나 예정된 해역에 도착해도 야에야마 등은 모습을 드러내지 않았다. 쓰보이 소장은 "지점을 잘못 알고 다른 곳에 있는 것은 아닐까?" "이미 전투를 시작해서 전보가 도착하지 않은 것은 아닐까?" "청국 함대의 공격을 받아 격파된 것은 아닐까?" 등의 우려를 염두에 두고 합류 지점으로 착각했을 가능성이 있는 풍도 앞바다로 함대를 향하게 했다. 「공간 전사」는 청국 군함과 조우하여 전투가 시작되기까지의 경위를 이렇게 기록한다.

기함 요시노를 선두로 풍도 부근의 무인도를 향해 항해하던 중, 오전 6시 30분경 멀리 풍도 방면으로 2척의 기선이 남하해 오는 것을 보고 곧 군함임을 알았다. 이에 각 함선에 경계를 발령하고 기함에는 예포 준비를 명했다. 서로 점차 가까워지자 청나라 군함인 제원과 광을이라는 것을 알았으나 아직 깃발은 확인하지 못했다.

이윽고 청나라의 두 군함이 풍도 부근에 다다르자 우리 군함의 북진을 확인하고 급속히 마력을 높여 곧바로 전투 준비에 들어가 마치 우리를 향해 진격하며 요격하려는 것 같았다.

당시 우리는 언젠가는 청나라와 무기를 겨루지 않을 수 없음을 예견하고도 여전히 평화 교류를 끊지 않았다. 이에 쓰보이 소장은 해군의 통상적인 예식을 갖추어 청나라 함선과 마주하기를 기대했지만, 뜻밖에도 그들이 전투를 준비하는 것을 확인했다. 청나라 함대는 이미 우리 군함 야에야마 등을 격파하고 이제 우리 함대를 공격하고자 우선 이 두 함정을 선봉으로 삼았다. 쓰보이 소장은 그 주력이 부근 해상에 있을 것으로 추측하고 각 함선에 응전 준비를 명하여 만일의 사태에 대비하도록 했다.

오전 7시 52분, 양 함대가 3,000미터 거리에 접근하자 청나라 함선 제원은 갑자기 우리 요시노를 향해 포문을 열었다. 이에 쓰보이 소장은 각 함선에 전투를 명령하고 양 함대는 포격을 서로 주고발았다. (중략) 청나라 함선 광을은 남쪽 육지를 향해 천천히 항해하고, 제원도 서쪽으로 도주했다. 쓰보이 소장은 광을이 함체가 크게 파손되어 육지에 정박해 스스로 처결하려는 것을 확인한 다음, 세 척의 함선에 각자 편리한 위치를 잡고 제원을 향해 포격할 것을 명령했다.

정세가 긴박하게 돌아가는 가운데 청나라가 공격해 오자 응전했다는 설명이다.

당시의 경위를 「결정 초안」은 좀 더 자세하게 기술했지만, 설명의 기본 흐름은 크게 다르지 않다. "청국 함대는 이미 우리 군함 야에야마 등을 격파했다"고 쓰보이 소장이 판단했다는 설명은 해군군수사령부가 편찬 간행한 『27~28년 해전사二十七八年海戰史』와도 일치한다. 해군의 전투였기에 「결정 초안」도 「공간 전사」도 해군 측과 조율하여 포함했을 것이다.

그런 와중에도 「공간 전사」와 「결정 초안」에서는 세부적인 차이가 엿보인다. 분명한 것은 19일 대본영이 연합함대 이토 스케유키伊東祐亨 사령관에게 사세보 출항을 명령한 경위와 그 명령의 내용이다.

「공간 전사」는 "함대를 이끌고 안면도 부근의 편리한 곳에 근거지를 점거하여 조선 서해안의 해면을 제압하라. 청국이 만약 추가 병력을 수송하면 우리에게 적의를 표명하는 것이므로 있는 힘을 다하여 이를 방지하라"는 명령을 기록했다.

이에 대해 「결정 초안」은 일본 정부의 방침을 포함해 이렇게 말한다.

　　7월 19일 대본영은 "청국이 만약 앞으로 조선을 향해 병력을 추가로 파병하면 적의가 있다는 것을 인정하고 이를 향해 개전해야 한다"는 일본 정부의 결심에 따라, 한편으로는 오시마 혼성 여단장에게 단호한 명령을 전보함과 동시에, 또 한편으로는 이토 연합함대 사령관에게 다음과 같은 명령을 전보한다.
　　1. 귀관은 연합함대를 이끌고 조선 서해안 해면을 제압하고 풍도 또는 안면도 부근의 편리한 곳에 근거지를 점령하라.
　　2. 청나라가 병사를 더 증원하여 파견하는 것은 우리에게 적의를 표명하는 것으로 간주한다. 그러므로 우리 함대는 즉시 청국 함대와 수송선을 파괴해야 한다.

「공간 전사」가 '방지하라'고 했던 명령을 「결정 초안」은 '파괴하라'고 기록했다. 이에 앞서 일본 정부가 개전을 결의했음을 명시한다.

청일 간의 첫 전투인 풍도 해전은 일본 측의 승리로 끝났다. 군함뿐만 아니라 청나라 병사 1,200명을 태우고 아산으로 향하던 수송선도 격침당했다.

하라다 게이이치의 연구에 따르면, 청일전쟁의 시발점이 된 이 해전이 어느 쪽 공격으로 시작되었는지는 일찍부터 의견이 분분했다. 이런 가운데 조일관계사 연구의 선구자이자 경성제국대학 교수였던 다보하시 기요시田保橋潔는 1930년에 정리한『근대 일지선 관계의 연구近代日支鮮関係の研究』에서 "일본 함대가 청국 함대의 도전에 따라 어쩔 수 없이 응전했다는 설명은 일본 국내에서는 별도로 치더라도 제3국에서는 전혀 믿지 않았다"고 지적했다.

해전의 기본 부분은 해군의 정보와 견해에 따라 집필한 것으로 보이지만,「결정 초안」특유의 서술도 보인다. '파괴하라'는 명령이 내려진 당일의 정황을 작은 글씨의 주석으로 이렇게 설명한다.

이날(19일) 오후 1시, 청함 양함揚咸이 위안스카이를 태우고 인천항을 떠났고, 다른 청함들도 이를 전후하여 21일까지 모두 귀항했다. 조선 근해에서 한때 청국 군함의 흔적이 사라져 사람들에게 점점 형세가 급박함을 의심하게 했다.

위안스카이는 조선에서 청나라의 대표였다. 청나라 측의 움직임을 보면 전쟁이 일어날 만큼 긴박한 상황은 아니었다는 것이다.

성환 전투

육지에서의 움직임으로 돌아가 보자. 서울에서 남하한 혼성 여단은 드디어 청나라군에 접근한다. 「공간 전사」는 이렇게 기록한다.

오시마 여단장은 7월 28일 오전 8시 30분 소사장素沙場에 이르렀다. 성환 부근 저지대에 청군의 막사 몇 개가 흩어져 있고, 월봉산 왼편에 줄지어 있는 앵속방주산과 그 동남쪽 약 300미터에 있는 다소 높은 산 정상에 방어 공사를 한 것을 보았다. 즉, 청군은 성환과 그 동쪽에 접한 높은 산에 걸쳐 진지를 구축했다. 또 우헐리 방면의 진지는 전혀 눈에 띄지 않으나, 이미 입수한 여러 보고에 따르면 대체로 성환처럼 기복이 심한 고지에 청병의 진지가 있는 것을 알 수 있었다. 이에 여단장은 성환을 청군의 주력이 있는 곳으로 판단해 공격하고자 했다. 그러나 중앙의 전주 가도를 따라 정면에서 공격하기에는 길고 넓은 논밭에 노출되어 큰 사상자를 내고 협공을 받을 것이고, 또 은행정 고지 쪽에서 공격할 때는 일단 이곳을 점령한 뒤 다시 논밭을 사이에 두고 성환 방면의 주력을 공격할 수밖에 없어 모두 불리했다. 마침내 일부 병사를 나누어 은행정 고지에 파견하여 견제하고, 여단장은 직접 여단의 주력을 이끌고 동쪽 산지를 우회하여 앵속방주산을 점령하고 성환 방면의 막영지를 향해 공격하기로 했다.

청군은 6월 9일 아산에 도착한 부대가 직예제독 예즈차오葉志超를 총지휘관으로 하는 2,465명으로 포 8문. 이후 25일에 새로운 부대가 도착. 더욱이 7월 23일에는 약 1,300명의 제1차 증원부대가 아산에 도착했다. 약 1,200명의 제2차 증원부대는 풍도 해전 당시 일본 해군에 침몰당했지만, 그래도 현지 병력은 4,165명에 달했다. 병력 가운데 3천여 명은 녜스청聶士成이 이끌고 아산에서 동쪽으로 18km 떨어진 성환에 진을 치고, 예즈차오는 나머지 병력을 이끌고 천안으로 이동했다.

청군이 전투에서 불리한 상황에서 왜 병력을 두 개로 나눴는지 의문이 제기되어 왔지만, 「결정 초안」은 예즈차오와 녜스청 사이에 작전상 생각이 달라 불화가 생겼다고 지적한다.

성환의 청군은 전주 가도를 사이에 두고 동쪽과 서쪽의 두 고지에 진지를 구축했다. 혼성 여단은 우익대가 서쪽 고지를, 좌익대가 동쪽 고지를 공격했다. 그 가운데 우익대의 선봉을 맡은 보병 제21연대 제12중대의 전투를 「공간 전사」를 통해 요약하면 다음과 같다.

행동을 개시한 것은 29일 오전 2시, 청군이 진을 치고 있는 고지를 향해 전주 가도로 진격했다. 마침 만조 시기라 하천과 늪지대가 많이 범람해 도로와 논밭의 경계를 구분할 수 없어 행군이 매우 어려웠다. 마침내 3시 20분경 가룡리라는 작은 마을에 도착했을 때, 30미터 정도 앞의 가옥 내부와 가옥 사이로부터 격렬한 총격을 받았다. 10여분간의 교전 끝에 중대장이 전사하고 병사 몇 명이 부상당했다.

총소리를 들은 우익대 사령관이 원군을 출동시켜 부대를 정비하고 4시가 되어 돌격하자 적들은 논밭으로 도망쳤다.

「결정 초안」은 전투에 이르기까지의 과정을 상세히 설명한다.

가룡리 마을에 도착하자 첨병장 소위가 민가에 들어가 주민(나체의 한인이었다)을 붙잡고 길 안내를 명령했다. 그러나 큰 소리만 지르며 응하지 않았다. 통역이 없었기 때문에 칼을 뽑아 위협했지만 응할 기미가 보이지 않았다. 그래서 "한인에게 부탁할 수 없으니 단연코 이 마을로 통하는 길을 따라 남진하기로 결의"했다는 생각을 말하자 중대장이 '찬성'했다. 그래서 출발했지만 불과 수십 걸음도 못 가서 맹렬한 공격을 받았다. "이때 부대 내 소란이 극에 달해 실로 말할 수 없다"라고 기록되어 있다.

이 가룡리에서 일본군은 많은 희생자를 냈다.

「공간 전사」에는 그것은 지원부대에 공격을 명령했을 때의 일이라며, "이때 보병 중위 도키야마時山龔造는 약 3개 분대 병사를 이끌고 적의 좌측을 향해 오른쪽으로 꺾어 세경을 거쳐 전진하다가 연못이 앞을 가로막았다. 연못에는 물이 가득 찼고 바닥 진흙탕이 깊어 마침내 나아갈 수 없어 중위 이하 23명이 여기서 익사했다"고 작은 글씨의 주석으로 적혀 있다.

같은 장면을 「결정 초안」은 먼저 응원 부대로 공격하려 했으나, "대

大嶋旅團長

内務省 我軍成歡之嶮當拔
嶮開對司 于山清兵之據拠棄
圖

성환 전투의 니시키에錦絵에 묘사된 오시마 여단장.
한여름의 전투였는데 겨울 복장을 했다.(국회도서관 소장)

오가 쉽게 정돈되지 않아 매우 혼잡했다"고 말한다. 그런 상황에서 "오른쪽으로 돌아서 적의 왼쪽을 공격하라"는 명령이 내려졌다. "각 중대의 대오가 뒤섞인 채로 조금씩 진군을 시작하기에 이르렀다. 이때 보병 중위 도키야마 교조는 3개 분대의 병력을 이끌고 적의 왼쪽을 향해 오른쪽으로 꺾어 세경을 거쳐 나아가다가 잠시 후 어느 연못과 맞부딪쳤다. 중위는 걸어서 건너고자 자진해서 빠르게 물 안으로 들어갔다. 부하들도 연이어 연못으로 뛰어들었다. 연못은 단단하고 물이 많아 겨드랑이 아래까지 차오르고, 강바닥은 진흙탕이 깊어 가랑이가 빠졌다. 나아가려 해도 나아갈 수 없고, 돌아가려 해도 돌아갈 수 없어 진퇴양난의 비참한 처지에 빠졌고, 마침내 중위 이하 23명은 여기서 익사했다"고 설명한다.

「결정 초안」을 읽어보면 통역도 길 안내자도 없이 어둠 속을 뚫고 나아가려다 매복 공격을 당했다는 전투의 기본 구도를 알 수 있다. 그 결과 전선이 혼란스러워졌고, 어떻게든 지원하러 가다가 늪지로 뛰어드는 비극이 벌어졌다. 가룡리 전투가 끝나고 각 부대가 집결한 시간이 오전 4시 30분이라고 기록되어 있으니, 여름의 7월이지만 연못에 뛰어든 것은 아직 어두운 시간대였을 것이다.

책 뒤 부록에는 성환 전투의 사상자 수가 정리되어 있다. 사상자 총 수는 82명. 사망자는 33명이었고, 그 가운데 23명은 연못에서의 익사자였다. 장교 사망자는 2명인데, 모두 가룡리에서 사망했다. 이는 아마도 "왜 그렇게 많은 사망자가 발생했는가"라는 독자들의 의문에 답하고자 「결정 초안」이 여기에 교훈이 있다는 것을 의도적으로 남기고 싶었기 때문일 것이다.

성환 전투는 29일 단 하루 만에 결판이 났고, 청군은 궤멸했다. 그 결과 '일본군의 쾌승'으로 기록, 기억되어 왔다. 하지만 「결정 초안」에는 마냥 기뻐할 수 있는 일이 아니었음을 명시한다. 좌익대에 대해서는 "각 부대가 앞다투어 전투에 나섰다. 승리에 취해 폭주한 결과 혼란을 일으켜 수습할 수 없는 지경에 이르렀다"고 기록한다.

전투가 끝난 단계의 부대 배치에 대한 설명도 흥미롭다.

29일 밤에 여단 각 부대의 숙영지는 실제로 다음과 같다. 알아보기 편하도록 이를 두 번째 삽화에 표시했다. 그러나 그날 밤 여단장의 머릿속에 명료하게 떠오른 것은 이 가운데 장안실 부근에 주둔한 각 부대의 위치뿐이었다. 우익대와 예비대 일부(보병 제21연대 제1대대 본부와 제1중대)는 백석포에 있고, 군물포의 독립지대는 삽근리에 있을 것으로만 믿고, 독립기병대의 위치에 대해서는 전혀 알지 못했다. 게다가 여단장은 이 밤에도 여전히 적이 아산 마을로 후퇴해 그곳을 지키고 있다고 믿었다. 여단장이 이렇게 믿게 된 것은 우익대와 독립기병대로부터 보고가 도착하지 않았기 때문이다. 우익대 사령관과 기병대장은 여단 본대가 분명 이날 안에 아산으로 진격했을 것으로 믿고 수시로 여단장에게 보고했으나, 전령 기병이 결국 여단 사령부의 소재를 찾지 못했다.

여단장은 각 부대가 어디에 있는지 파악하지 못했다고 지적한다. 청군의 동향도 파악하지 못한 채 아산에 있으리라 믿고 다음 날인 30일 여단은 진군했지만, 청군의 모습은 전혀 보이지 않았다. 이때 추격을 받지 않은 덕분에 청군은 평양까지 내려갈 수 있었고, 그곳에서 다시 일본군과 싸우게 된다.

서울로 돌아온 것은 8월 5일이었다. 「결정 초안」은 "조선의 관민이 새로이 개선문을 설치하고 여기에 국왕의 칙사와 오토리 공사 이하 일본 관민을 환영하기 위해 구름같이 모여서 개선식을 거행하고 성대한 연회를 베풀어 군대를 위로했다. 환영객은 무려 수백 명이었다. 일본 천황 폐하, 조선 국왕과 일본군 만세를 축하하는 목소리가 천지를 뒤흔들었다"고 전한 다음, 성환 전투를 이렇게 요약한다.

혼성 여단은 아산에 주둔한 청병을 소탕하기 위해 7월 25일 남쪽을 향해 나섰다. 그로부터 12일이 지났는데 그동안 지리적 이점을 살피지 못했다. 군수품이 자주 도착하지 않았고, 삼복의 폭염은 돌을 달굴 정도여서 군대의 움직임은 모두 제각각으로 매운맛을 보았다. 이런 어려움은 비단 전투부대뿐만 아니라 군수사령부,

위생대, 야전병원, 군용전신대 등도 마찬가지였다. 그동안 여러 사정으로 참담한 어려움은 극에 달했다.

현지 사정을 알지 못하고, 보급 태세도 갖추지 못한 데다 무더위까지 더해져 가혹한 전투였다고 전한다. 분명 청군은 하루 만에 궤멸했다. 하지만 '쾌승'이라고 쉽게 말할 수 없는 것이 전투의 실상이었음을 「결정 초안」은 기록으로 남겼다.

성환 전투에서 돌아온 혼성 여단을 맞이한 서울에서의 개선식.

조선 고관은 겉으로는 복종하는 체하면서 내심으로는 배반한 것으로 보인다.
(국회도서관 소장 「일청전쟁사진첩 日清戦争写真帖」)

제2장

추가 부대 파견

선전포고

「결정 초안」을 읽다가 작은 글씨로 된 주석에서 뜻밖의 정보를 발견했다.

> 대본영이 성환의 육상 전투를 알게 된 것은 8월 2일이었다.

혼성 여단의 승리가 대본영에 전해진 것은 8월 2일이었다는 것이다. 이 한 문장은 다소 의외였다. 전날인 8월 1일 일본은 청나라에 선전을 포고했다고 각종 연표는 기록한다. 나는 일본이 성환 전투에서 승리를 거두었으니 그 기세를 몰아 드디어 정식으로 전쟁을 선포한 것으로 단순하게 생각했다. 그러나 7월 25일 서울 출발 연락을 마지막으로 전신의 불통으로 인해 대본영은 혼성 여단의 동향을 전혀 알 수 없었다고 「결정 초안」은 적고 있다.

역사학자 오타니 다다시大谷正의 연구에 따르면, 다음과 같은 과정을 거쳐 선전포고가 이루어졌다.

청국은 7월 29일 주일 공사의 귀국을 명령하고, 30일 주청 각국 공사에게 개전 책임이 일본에 있다는 문서를 발부했다. 31일에는 총리아문 경친왕慶親王이 청일수호조규 폐기와 국교 단절을 청국에 주재하는 일본 고무라 주타로小村寿太郎 공사에게 통보했다. 그리고 8월 1일 광무제光武帝가 선전을 포고했다.

일본에서는 7월 30일 이토 히로부미伊藤博文 총리가 이토 미요지伊藤巳代治 내각서기관장 등에게 선전포고 조서 초안을 작성하도록 지시했고, 31일 조서안이 각의에 상정되었으나 승인되지 않았다. 개전 상대를 청국만으로 할 것인지, 아니면 청국과 조선 두 나라로 할 것인지에 대한 의견 대립이 있었기 때문이다. 청나라가 황제의 선전포고를 내림에 따라 2일 각의에서는 청국만으로 하기로 합의가 이루어졌고, 8월 1일자 천황의 선전포고 조칙을 결정해 2일자 「관보」 호외에 공표했다. 개전 시점을 언제로 할 것인지는 이후 논의 끝에 풍도 해전이 있었던 7월 25일로 결정되었다.

「결정 초안」을 읽으면서 내가 몰랐던 것은 선전포고를 둘러싼 사정만이 아니었다. 「공간 전사」는 선전포고를 이렇게 기술한다.

우리 정부는 애써 평화적인 방법으로 기나긴 한국 화란禍亂의 근원을 끊고자 당시 청나라의 제의를 거절하고 줄곧 방비를 경계하며 출사出師를 준비했다. 일찍이 전의戰意를 표명하지 않고 자주 의견을 개진하며 외국의 중재도 받아들여 마지막까지 평화에 뜻을 두고 청나라의 반성을 기다렸다. 그러나 그들의 행동은 우리의 바람과는 달랐다. 우리의 경고를 무시하고 감히 대군을 한국 땅에 보내 우리에게 명백히 적대 행위를 드러내고 마침내 우리 군함을 요격했다. 도저히 평화적인 수단으로 우리나라의 권리를 지킬 수 없게 했다. 이에 천황 폐하께서는 제국 헌법의 규범과 만국공법의 통칙에 따라 8월 1일을 기해 선전포고 조칙을 반포하시었다.

일본은 평화를 원하며 이를 위해 거듭 노력했지만, 청국은 일본의 의견에 귀를 기울이지 않았고, 게다가 일본 군함을 공격했으니 어쩔 수 없이 전쟁을 시작했다는 설명이다.

두 개의 '마침내'

이에 대해 「결정 초안」은 선전포고를 이렇게 말한다.

7월 29일 풍도 해전의 보고가 도착하여 정부도 마침내 청국과 개전을 결정하고 8월 1일 선전포고 조칙을 반포했다.

'마침내'라는 단어가 눈길을 끈다. 「결정 초안」은 그 의미를 설명한다.

혼성 여단에 남하를 허가하고 연합함대에 진격 명령을 내린 것은 7월 19일이었다. 그 이유는 무엇이었을까? 이에 대해 「결정 초안」은 "당시 대본영은 대청 작전 대방침 외에 러청 양국을 적으로 삼을 경우의 작전 대방침도 결정했다"고 말한다.

일본은 청나라뿐만 아니라 러시아와의 전쟁도 염두에 두고 있었다는 말이다. 「결정 초안」은 러시아의 중재에 대해 "러시아의 중재적 간섭은 6월 하순에 있었고, 7월 중순에는 만약 일본 정부가 그 중재를 듣지 않는다면 청나라에 가담해 일본을 적으로 삼을 결심을 하지 않을지 알 수 없는 정황"이라고 말했다.

러시아는 중재라는 말이 무색할 정도로 실제로는 간섭이며, 말을 듣지 않으면 전쟁을 불사하겠다는 강경한 태도를 보인 것이다.

일본으로서는 막강한 러시아군에까지 일을 꾸밀 수 없는 노릇이었다. 오시마 여단장이 서울에서 꼼짝도 하지 못하고 답답해했던 것도 이 때문이었을 것이다.

그 결과는 "그러나 그 담판을 원만히 타결하고 마침내 이것을 발표할 필요를 느끼지 않았다"라고 기록되어 있다. 여기에서 '이것'은 러시아와의 전쟁까지 상정한 작전을 의미하는 것이다. 러시아와의 협상을 어떻게든 타결했으니 청나라를 적으로 삼은 작전에 돌입할 수 있게 되었다. 그것이 7월 19일이었다는 것이다. 그리고 풍도 해전의 승리를 통해 '마침내=가까스로' 정부는 전쟁을 결단했다고 「결정 초안」은 군인들의 진솔한 시선으로 그간의 경위를 회고한 것이다.

「공간 전사」에도 '마침내'라는 단어가 등장한다.

이후 우리 정부는 자주 청나라가 우리의 경고에 조금도 귀를 기울이지 않고 육로로 대군을 한국 땅에 보내려 한다는 정보를 접하고도 인내하며 평화적으로 끝을 맺기를 바라며 감히 사변을 일으키는 행동을 하지 않았다. 그러나 7월 29일 풍도 해전의 소식을 접하고 정부는 마침내 평화 수복에 대한 희망을 접고 마지막 수단을 취하지 않을 수 없다고 결심하기에 이르렀다.

'마침내=어쩔 수 없이'이며, 「결정 초안」과는 뉘앙스가 상당히 다르다. 이는 정부의 표면상의 방침을 밝히는 시선이라 말할 수 있을 것 같다.

7월 30일에는 대본영 내부에서 '작전 대방침'을 발표하고, 직접 관계가 있는 히로시마의 제5사단장에게 전달했다. '작전 대방침'의 방침은 "우리 군의 목적은 주력을 발해만으로 수송하여 청나라와 자웅을 겨루는 데 있다. 이 목적의 달성 여부는 무엇보다 해전의 승패에 달려 있다. 설령 해전이 우리에게 불리한 경우라도 육군은 조선을 끝까지 점령한다"는 것이었다.

발해만에 상륙해 중국 본토에서 결전을 벌여 베이징을 노린다는 작전이었다. 제해권의 향방에 따라 세 가지 전개 양상을 상정했다. 기우장대氣宇壯大한 계획이었다. 그러나 현실은 그렇게 간단하지 않았다. 「결정 초안」은 당시 정황을 이렇게 설명한다.

대본영이 7월 25일까지 입수한 정보에 따르면, 이미 조선에 투입된 청군은 약 1만 명에 달한다. 이에 반해 일본군은 혼성 1개 여단에 불과하다. 게다가 청국이 조만간 동북 3성의 연군練軍과 뤼순커우旅順口의 의자군毅字軍, 다롄만大連灣의 명자군銘字軍을 육로로 조선에 증파할 것이라는 정보를 접했다. 그렇다면 한반도에서 청나라 군대의 세력은 날이 갈수록 점점 증가할 것이다. (중략) 이에 따라 경성 부근에 있는 혼성 여단은 나날이 위태로운 정세에 처하게 될 것이다.

시기를 놓치다

일본도 추가 병력을 보낼 수 있다면 좋겠지만, 그러지 못한 사정이 있었다. 「결정 초안」은 "일본군은 이때 이미 육군을 해로인 인천항으로 수송해야 할 시기를 놓쳤다"며 당시의 정황을 이렇게 설명한다.

7월 25일의 풍도 해전 이후 청국 함대는 조선 황해도 이남 해상에서 그 흔적이 완전히 사라져 현재 해상의 제해권은 일본군에 속한다고 볼 수 있다. 그러나 해상은 청국 함대의 근거지인 뤼순커우와 웨이하이웨이威海衛에 완전히 노출되어 청국 북양함대가 기회를 틈타 쉽게 진격할 수 있는 위치에 있었다. 따라서 적어도 연합함대가 청나라 함대를 섬멸하고 확실하게 제해권을 장악하지 않으면 일본은 후속 부대를 한반도 서해안을 거쳐 인천항으로 보낼 수 없다.

풍도 해전에서 승리했지만, 청국 해군의 주력은 건재했다. 병력을 가득 실은 수송선이 침몰당해 많은 병사를 잃은 청국은 반드시 보복에 나설 것이다. 애초에 황해는 청나라 해군에는 앞마당과 같은 곳이다. "필사적인 각오로 웨이하이웨이 군항을 출항했다"는 청나라 해군을 둘러싼 정보가 떠돌았고, 이에 대비하기 위해 일본 연합함대도 출격해 "살벌한 기운이 이 해역을 뒤덮고 있는" 상태였다. 후속 부대를 해로를 통해 서울로 수송할 수 있는 상황이 아니었다. 한편 청군의 북방 거점인 평양에서는 만주 부대를 육로로 보내려는 움직임이 본격화되고 있었다.

오시마 소장이 이끄는 혼성 여단이 고립될 것이라는 강한 위기감이 감돌았다. 어떻게든 대책을 세우고 싶었지만, 그 어려움을 이렇게 설명한다.

원래 후속 부대를 부산항에 상륙시켜 육로로 경성으로 향하게 하는 것은 불가능에 가깝다. 부산과 경성 사이의 길은 험난하고 멀어 행군하는 데만 장시간이 소요될 뿐만 아니라, 연안 지방은 대체로 빈궁하여 양식을 구할 수 없다. 그러므로 미리 연도에 병참 선로를 깔고 각지에 양식을 배치하지 않으면 병사를 진군시킬 수 없다.

병사를 부산까지 배로 수송하고 이후 육로로 서울로 향하는 것도 전혀 불가능한 일은 아니다. 그러나 도로가 좋지 않고 길도 멀다. 무엇보다도 척박한 땅의 특성상 현지에서의 식량 조달을 기대할 수 없다는 것이다.

　　지금 대본영은 안으로는 이미 출발 준비를 마친 제5사단의 주력을 장악하고 있음에도 불구하고 밖으로는 혼성 여단의 위급한 사정을 구할 수 없는 처지에 놓여 있다.

혼성 제9여단을 파견한 히로시마의 제5사단에서는 잔여 부대의 파병 준비가 완료되었으나 출발할 수 없는 상황이었다. 「결정 초안」은 이런 '곤경'을 초래한 책임에 대해, "군사적으로 일본이 이렇게 청국에 선제공격을 당할 위기에 처한 것은 정부의 외교 정략이 항상 수동적인 위치에 서기를 원하여 군부의 행동을 지나치게 제약한 것이 주된 원인이라고 할 수 있다"고 주석에 작은 글씨로 기록했다. 군부는 "청나라가 쳐들어왔으니 어쩔 수 없다"는 구도로 끌고 가려고 외교 협상을 장기화시킨 정부 탓이라는 강한 불만을 품고 있었다.

「결정 초안」은 군사적으로 상당히 궁지에 몰린 상황에서 일본이 1일자로 선전을 포고한 사정을 설명한다. 일본에 시급히 필요한 것은 한반도에 추가 병력을 파견하는 일이었다. 시간적 여유가 없었고, 육로

외에는 다른 선택지가 없었다. 대본영은 곧바로 히로시마에 본부를 둔 제5사단 노즈 미치쓰라野津道貫 사단장에게 부대 파견을 명령했다. 7월 31일에는 1개 대대를 부산에서 육로로 서울로 보낼 것을 명령했고, 8월 1일에는 1개 대대를 원산을 경유하여 서울로 향하도록 명령했다. 다음 날인 2일에는 노즈 사단장에게 주력부대를 직접 이끌고 부산으로 향할 것을 명령했다. 참고로 일본 육군의 기본 편제는 사단은 4개 보병 연대로 조직하고, 연대는 3개 대대로 구성했다. 사단에는 12개의 보병 대대가 있었다고 볼 수 있다.

황해의 제해권 역시 현안이었다. 연합함대는 7월 31일 황해의 임시 거점으로 정한 군산 앞바다의 격음도에 모든 전력을 집결시켰다. 선전 포고를 공표한 2일, 대본영은 "속히 대해전을 결행해 제해권을 완전히 장악하기를 간절히 바란다"며 연합함대에 다음 명령을 내렸다.

연합함대는 조선 서해안에 임시 거점을 점령한 뒤, 적의 해면을 제압할 목적으로 그들의 함대를 격파하라.

이렇게 청일전쟁은 본격적인 전투 단계를 맞이했다.

「결정 초안」은 정부와 대본영 사이에 있었던 당시의 대립도 기록한다. 7월 25일이었다. 청군의 증원부대가 조선으로 출발했다는 보고가 있었다. 청국은 국경을 흐르는 압록강 하구 '다둥거우大東溝'로 군대를 보내는 것이라고 설명했다. 그런데 청국에 주둔하는 무관이 대본영에 보낸 전보에는 "청군의 상륙 지점은 대동강이다"였다. 대동강이라면 평양을 의미한다.

정부는 '다둥거우는 청나라 영역'이라며 조선에 증파할 필요가 없다는 반응이었다. 이에 대해 대본영은 '다둥거우라는 설명은 사기'라고 주장했다.

「결정 초안」은 "그런데 이후에 대동강은 다둥거우의 오역임을 알게되었다"고 이 분쟁의 경위를 기록한다. 어느 단계의 오역인지에 대한 언급은 없지만, 대본영 측의 실수였던 것으로 보인다. 쇼와 시대 전쟁과 달리 정부의 발언권이 군대보다 강했음을 알려주고 있다.

부산항의 혼란

청국 함대를 격파하기 위해 출격한 연합함대였지만 청국 함대는 군항에 정박한 채 움직이지 않았다. 이를 유인하기 위해 일본군은 도발을 시도했지만 응하지 않았다. 언제 출격할지 모르는 상황에서 황해에 수송선을 투입할 수 없었다.

부산과 서울 간은 '100리 2정'이었다. 도쿄에서 도카이도東海道를 따라가면 미에현三重県 욧카이치四日市까지에 해당하는 거리다. 육로 외에 다른 선택지가 없었고, 8월에 들어서자 제5사단 부대가 속속 부산에 도착했다. 그러자 항구에서 혼란이 일어났다.

「공간 전사」는 "대본영은 사단장에게 경부 간 도로와 도중의 보급 사정을 고려하여 제3차 수송부대는 몇 차례로 나누어 순차적으로 출발하라고 훈령했다. 사단장은 부산에 도착해 도로가 험악하여 수리가 쉽지 않고 인부와 말의 징집이 어려워 병참 설비가 충분하지 못하다는 말을 들었다. 이에 보병 일부를 부산에 상륙시키고 나머지는 원산으로 이동시키자는 의견을 대본영에 건의했다. 하지만 일부의 전투부대만 원산에 상륙시켜야 한다는 회신에 따라 보병 제12연대와 야전포병 제5연대 본부와 동 제1대대를 원산으로 보내고 나머지는 순차적으로 부산에 상륙시켰다"고 기록한다. 제3차 수송이라고 말한 것은 이미 서울에 있는 혼성 여단의 수송이 1차, 2차로 이루어졌기 때문이다.

　부산에 도착해, 사단장 노즈 중장이 대본영의 계획 변경을 요청한 것으로 보이는데, 「공간 전사」에서는 별일 아닌 것처럼 서술되었다. 이에 반해 「결정 초안」은 "제5사단장이 이를 따르지 않아 오히려 큰 분란을 일으켰다. 이제 그 정황을 상세히 설명해야 한다"며 9쪽에 걸쳐 경위를 적었다.

　단정 배선과 상륙 작업 등의 계획은 부산 운수통신 지부에서 준비하고 있었다. 그러나 노즈 사단장이 6일 오전 9시 넘어 부산항에 도착해 "부산 지부의 계획을 이용하지 않고 직접 상륙을 지령"했고, 이에 따라 "상륙작전이 신속하지 못하고 분란을 가중"시키는 사태가 벌어졌다.

사단장이 상륙한 것은 오전 10시 40분이었다. 먼저 현지 사정에 대한 설명을 들었다. 그 과정에서 사단장은 "경부 간 도로는 험악하여 수리가 쉽지 않다. 또한 인부와 말의 징발이 곤란해 길가의 병참 시설이 아직 갖추어지지 않았다"는 보고에 따라 진로 변경을 결심하고, "제3차 수송 병력 모두는 부산에서 경성으로 가는 도로로 도저히 행군할 수 없다. 따라서 보병 1대대를 이 도로로 보내고 다른 부대는 원산에서 행군하기로 정했다"는 전보를 오후 1시 30분에 대본영에 보냈다.

사단장의 결단으로 상륙 작업은 중단되었고, 이미 상륙을 마친 물자와 말 등을 다시 싣는 작업이 시작되었다. 이 과정에서도 사단장은 "상륙 중인 각 부대를 향해 직접 이를 명령하기도 했다"고 기록되어 있다. 운수통신 지부에는 상의조차 하지 않았다. "상륙작전을 독단적으로 진행하다 보니 혼란 정도가 점점 심해졌다. 오후 3시 30분경에 이르러 마침내 사단장은 그 혼란을 참지 못하고 상륙할 것과 원산항으로 회항할 것을 지정하고, 그 시행은 전적으로 운수통신 지부에 위임했다. 이로써 사단장과 운수통신 지부의 권한이 비로소 명확해졌다"고 「결정 초안」은 적었다.

그동안 항구에 도착한 많은 부대가 해상에서 대기하게 되었다. 짜증이 날 만도 한데, "각 수송선에 있는 부대는 서로 먼저 상륙하기를 원하고, 군함 옆을 지나가는 단정을 불러들여 임의로 상륙하는 등 상류 순서의 명령을 지키는 자가 없어 혼란이 극에 달했다"는 상태가 되었다. 그럼에도 불구하고 선적 작업을 서둘러 와카노우라마루和歌浦丸는 오후 8시에 출항했다. 당시 운수통신부장은 이 배가 어디로 가는지 몰랐다고 「결정 초안」은 지적한다.

오구라마루小倉丸, 이즈미마루和泉丸, 도토미마루遠江丸, 사카다마루酒田丸, 구마모토마루熊本丸의 5척은 오후 8시 50분에 선적 작업을 끝냈다. 그 직후 사단장은 에치고마루越後丸에 적재된 예비 양곡 2천여 가마를 이 5척의 배에 나누어 싣도록 명령했다. 하지만 작업을 시작하려 할 즈음 중지 명령이 내려져, 오후 1시 26분에 5척의 원산 회항은 중단되었다.

이에 대해 "아침부터 분란이 일어나 일단락을 지어야 했다"고 전했지만, 대본영에서 진로 변경을 허락하지 않았다.

그 이유를 「결정 초안」은 이렇게 설명한다.

루트 선정에 대해 대본영에서 토론 숙의했지만, 전신선 문제가 결정적이었다. 부산에서 서울 사이의 전선 설치 공사는 거의 끝났지만, 원산에서 출발하면 통신 수단이 없었다.

진로를 변경하겠다는 사단장의 판단을 "대본영의 의도를 거스르고 경솔하게 대부분의 제3차 수송부대를 이끌고 원산항으로 향하려 한다"고 엄중히 비판하며, "만약 이 때문에 병참부만이 아니라 경부 간도로 수리를 맡은 임시 공병 중대까지 원산항 방면으로 옮겨가 버린다면, 대본영의 계획된 병참 사업은 마침내 파탄에 이를 뿐만 아니라 제5사단장이 이끄는 부대도 큰 어려움에 빠질 수밖에 없다"는 강한 위기감을 드러냈다.

대본영이 제5사단장의 진로 변경에 동의하지 않는다는 전보를 보낸 시각은 오후 7시 50분이었다. 이에 앞서 오후 5시 55분에 사단장은 "본관은 오늘 오후 7시에 잔여 부대를 이끌고 부산에서 출항해 원산으로 향하기로 정했다"는 전보를 보냈다. 그러나 항만 작업의 혼란으로 예정대로 진행되지 않았고, 출항 전에 대본영의 명령이 내려진 것이다. 그 결과 이미 출항한 함선과 준비를 마친 일부 부대를 원산으로 돌리고, 대부분의 부대는 부산에서 서울로 향하게 되었다.

이튿날인 7일 오전 6시 35분, 사단장은 대본영에 전보를 보냈다. "본관은 8일 오전 4시 막료들을 이끌고 육로로 출발하겠다"는 내용이었는데, 「결정 초안」에는 "이렇게 제5사단장과 대본영과의 교섭은 여기서 끝을 맺었다"고 기록되어 있다.

강렬한 개성이 느껴지는 노즈 사단장은 사쓰마薩摩 출신으로 많은 전과를 올린 역전의 용사였다. 막부 말기 사쓰마와 영국과의 전쟁薩英戰争에서 사이고 쓰구미치西郷従道, 오야마 이와오大山巌 등과 함께 전설적인 수박 장수로 위장한 결사대에 합류한 것을 시작으로, 보신전쟁戊辰戦争의 도바후시미鳥羽伏見 전투에서 형 시즈오鎮雄와 함께 전투의 시발점이 된 첫 발포 당사자로 알려져 있다. 메이지 신정부에서 군인이 되어 정한론을 둘러싸고 사쓰마 출신 유력 장교들이 사직하는 와중에도 도쿄에 머물렀고, 사가佐賀의 난에서는 오쿠보 도시미치大久保利通와 함께 진압에 나섰으며, 세이난 전쟁西南戰爭에서는 제2여단 참모장으로 다하라자카田原坂의 격전을 승리로 이끌었다. 도쿄 진대鎮 台 사령관이 되어 자작 작위를 받았고, 1885년 히로시마 진대 사령관으로 임명되었다. 진대는 국내 치안 유지를 염두에 둔 제도였고, 이후 기동성을 중시하는 사단으로 조직이 바뀌자 제5사단장으로서 그대로 히로시마에 머물렀다. 주코쿠中国와 시코쿠四国 지방을 관할하는 육군 조직의 수장으로 군림한 지 무려 9년 만에 맞이한 전쟁이었다. '자기 부대'라는 생각이 강했을 것이다. 실전 경험이 누구보다 풍부했고, 만반의 준비를 하고 건너온 조선 땅이었을 것이다.

　무엇이든 자기 마음대로 할 수 있다고 생각했겠지만, 육군은 새로운 시대를 맞이하고 있었다. 유학이나 육군대학에서 독일식 근대적 참모 전술을 배운 장교들이 작전 수립의 중심에 자리를 잡기 시작했다. 행군 루트는 그런 참모들이 검토하고 결정했다. 이를 노즈 사단장은 직감적이고 독단적으로 바꾸려 했다.

　「결정 초안」에 '교섭'이라고 적힌 사단장과 대본영의 의견 대립, 그리고 부산항에서의 혼란은 그런 신구 제도와 사고방식의 갈등이었다고 볼 수 있다.

서울을 향한 행군

드디어 부대의 진로는 정해졌지만 갈 길은 험난했다. 「공간 전사」에도 언급이 없지는 않았지만, 서술은 간단하다. 반면 「결정 초안」은 지면을 할애해 행군의 어려움과 혼란을 구체적으로 기록한다. 「결정 초안」은 "가장 큰 어려움을 느낀 것은 보급이 자유롭지 못했기 때문"이라며 식량 부족을 가장 먼저 꼽았다.

길가의 촌락은 대체로 볼품이 없었다. 간혹 대구나 충주 같은 대도시가 있었지만 그곳의 물자는 많은 군대에 보급하기에는 턱없이 부족했다. 부득이하게 군대는 각자 양식을 휴대하지 않을 수 없었다. 이 때문에 병참감은 전력을 다해 소와 말을 징발하고 한군부韓軍夫를 고용하여 이를 각 부대에 나누어 식량 운반에 사용하게 했다.

부산에서 서울로 가는 동안 식량을 조달할 수 있는 규모의 도시는 많지 않았다. 그래서 부산에서 운반할 수밖에 없었는데, 이를 담당할 사람과 말을 확보하는 게 쉽지 않았다. 같은 경로를 부대가 차례로 지나가기 때문에 먼저 가는 부대가 말을 확보하면 뒤따르는 부대에 남는 것이 적어진다. 충분한 숫자를 모으지 못한 채 출발할 수밖에 없는 상황이 발생했다.

또 "한군부와는 언어가 통하지 않았다. 그 수가 더 많아지자 싸움과 소란 역시 정도가 심하여 행군을 매우 방해했다. 특히 한전韓錢의 부족은 현저한 불편을 주었고, 이 때문에 일부 부대는 마침내 도중에 머무를 수밖에 없었다"고 기록한다.

한전은 조선의 화폐를 말한다. 무엇이 문제였을까? 「결정 초안」은 이렇게 설명한다.

> 한전은 무게가 매우 무겁다. 많은 양을 휴대하려면 많은 소와 말이 필요했고, 또 이 소와 말의 대금을 위해 더 많은 양의 한전이 필요했다. 가급적 한전을 운반하는 인부와 말을 줄일 목적으로 경부 간의 전 도로에 소비할 한전을 처음부터 휴대하지 않고, 각 부대는 모두 큰길가의 대읍大邑에 도착해 이를 보충할 수단을 찾았다. 설령 처음부터 휴대하고 싶어도 각 부대에 필요한 금액이 매우 많아서 도저히 부산항 일대에서 수집할 수 없었다.

일본 화폐는 통용되지 않았다. 말을 조달하거나 식량을 구하려면 현지 화폐가 필요했지만, 무거워서 대량으로 운반할 수 없었다. 역사학자 오사와 히로아키大澤博明의 연구에 따르면, 인부 1명을 하루 고용하면 400문, 500명을 고용했다고 가정하면 일당(200관문)의 지급에 필요한 한화의 무게는 약 750kg으로, 이를 운반하는 데 20명 정도를 별도로 고용해야 한다는 계산이 나온다.

그러므로 각 부대는 도중에 보충할 계획을 갖고 출발했다. 길가 곳곳이 가난하여 군대의 행군이 잦아질수록 한전의 공급이 부족했다. 대구 같은 대도시에서도 며칠을 보내지 않으면 이를 모으지 못하는 형편에 빠졌다. 한번 한전이 부족해지면, 며칠 동안은 고용한 인부와 말의 대가를 지급할 수 없는 지경에 이르렀다. 한군부 등은 날마다 임금을 받지 못하면 고용주의 의도를 의심하여 도중에 짐을 버리고 도망치는 자가 있다. 또는 군대 숙영 중에 도망쳐 숨어 다시 오지 않는 자도 있다. 이 경우 그 지방의 한인을 고용하려고 해도 쉽게 응하는 자가 없어 군대는 어쩔 수 없이 짐을 중간에 두고 행군하거나 다시 한전을 얻을 때까지 한 발자국도 전진할 수 없는 처지에 놓이게 되었다. 이 도로를 행진하는 각 부대가 모두 조우한 정황이다.

어려움은 대구 주변에서 가장 극심했다. 서울로 가는 길목에서 가장 큰 도시인 대구에 도착하면 어떻게든 되겠지 하고 거기까지 필요한 금액을 예상하여 한전을 준비하여 부산을 떠났다. 하지만 환율이 치솟아 그 이전에 고갈되기 시작했다. 애초에 한전이 그렇게 넉넉하게 유통되지 않았던 것 같고, 대구에서 조달할 수 있으리라는 예상도 빗

나갔다. 현지 관공서와 협상해 '길을 열었다'고 하지만, "관공서의 능장 대응으로 조달에 시간을 허비해 각 부대는 모두 며칠씩 체류할 수밖에 없었다"고 한다.

더욱이 행군을 방해한 것은 도로 사정이었다.

도로는 수십 년 동안 수리하지 않은 상태였다. 돌을 뿌리거나 자갈이 많이 섞인 울퉁불퉁하고 험준한 땅이었다. 병사는 군화에 쓸려 상처가 나고 말은 발굽염을 앓는 등 각 부대 모두 매우 힘들어했다. 게다가 길가에는 나무가 거의 보이지 않았다. 폭염이 심해 도중 휴식할 때 햇빛을 가릴 곳이 없어 대낮 행군은 매우 고통스러웠다. 이 때문에 각 부대는 대개 해 질 녘에 진지를 출발하여 낮에는 몇 시간 동안 휴식을 취했다. 이 시간 동안에는 점심 식사를 조리하고 각자 낮잠을 자거나 목욕이나 의복을 세탁했다. 오후 더위가 다소 가라앉을 때를 기다렸다가 다시 행군하여 일몰 전에 숙영지에 도착했다. 매일 3~4리 내지 6~7리를 행군했는데, 도로가 불량하고 기후가 무더운 탓에 피로를 피할 수 없었다. 비바람이 부는 밤을 제외하고는 군대는 가옥에 숙영하지 않고 대부분 돌이 많은 강변이나 숲속에서 노숙했다. 길가의 가옥은 협소하고 매우 불결했다. 무더운 날씨 때문에 청결한 노숙이 불결하고 비좁은 옥내에서 숙영하는 괴로움보다 훨씬 좋았다.

병사들도 힘들었으니 "한군부는 오늘도 역시 도망치는 자가 많다"는 사태가 연이어 발생하는 것도 무리는 아니었을 것이다. "한군부들이 모두 도중에 도망쳐 숙영지에 도착했으나 식량이 오지 않았다. 요리해야 할 양식이 부족해 큰 어려움을 겪었다" "한군부들이 며칠째 연이어 도망쳐 마침내 양식을 휴대할 수단을 잃었다"는 기록이 눈에 띈다. 그런 기록의 배후에는 병사들의 굶주림이 있었을 것이다.

일본인들도 군부로 참여했다. 도망치지 않는다는 점에서 조선인 군부보다 더 가혹한 상황이었을 것이다. 「결정 초안」은 "첫날의 행진에서 일본인 군부의 체력이 약해져 기진맥진할 수밖에 없었다"고 적었다. 전쟁 열기가 고조된 탓에 일본 국내의 군부 지원자가 많았던 것으로 알려졌지만, 혈기만으로 버틸 수 있는 행군은 아니었던 것으로 보인다.

일본인 군부들의 혹독한 행군 모습도 기록되어 있다.

휴대한 점심이 부패해 먹을 수 없게 되었다. 굶주림으로 인한 피로가 극심했다. 식량 행렬은 홍포동에서 이미 밤이 되어 일본인 군부들의 피로 때문에 마침내 예정된 야영지에 도달하지 못하고 도중에 야영하기에 이르렀다. 그 가운데 가장 큰 혼란을 겪은 것은 보급부대였다. 보급부대는 출발할 때 이를 두 편으로 나누어 취사도구와 같은 급한 물자는 수송병과 일본군 군부들로만 구성된 부대가 담당했다. 여기에는 한국인 군부를 포함하지 않고 다른 수송

부대보다 먼저 출발했다. 하지만 불과 1리 남짓 행군할 무렵부터 일본인 군부들은 일사병으로 짐을 진 채로 길가에 쓰러졌다. 행군을 계속할수록 환자가 증가해 수송부대가 약 3리에 걸쳐 늘어졌고, 일어설 수 있는 자가 드물어 마침내 행진을 멈추게 되었다. 후발대 행렬이 도착했다. 하지만 그 군부들도 거의 같은 곤경에 빠져 도움을 줄 수 없었다. 수송부대의 일본인 군부는 길 위에서 서로 뒤엉켜 쓰러져 누워 있었다.

사단장 노즈 중장은 8월 8일 부산을 떠나 19일 서울에 도착했다. 이 속도는 다른 부대보다 다소 빨랐던 것 같다. 이에 대해 「결정 초안」은 "이 일행의 행군은 다른 부대에 비해 속도가 훨씬 빨랐다. 어려움 또한 많지 않았다. 이동하는 군부와 말이 적었고 관아를 숙소로 사용했으며 행군할 때 말을 타고 이동했기 때문이다"고 지적했다. 짐을 거의 지니지 않고 게다가 말을 타고 다니며 숙박도 특별 대우를 받았다는 것이다. 「결정 초안」 작성자의 냉소적인 시각이 느껴진다. "한전을 적재하기 위한 말 십여 두를 끌고 다녔다"고 기록한 것으로 보아 한전은 제대로 들고 다녔던 것 같다.

원산에서의 행군

한반도 동해안 원산에 상륙한 부대의 행군은 어땠을까? 「공간 전사」는 "고난의 정도는 다행스럽게도 다소 가벼웠다"라고 기록한다. 하지만 「결정 초안」을 읽어보면 그렇게 '경미'한 것 같지 않다.

부산에서 출발하는 루트에는 미흡하나마 병참 보급부대가 배치되어 있었지만, 원산에는 그조차 없었다. 원산에서 서울까지는 부산에 비해 거리는 짧지만 한반도를 남북으로 관통하는 척량산맥을 넘어야 했고, 도로는 더더욱 미비했다. 좁은 곳은 도로 폭이 1미터라고 적혀 있다. 그 도로를 병사들이 행군할 뿐 아니라 탄약, 포탄, 대포 등 무기, 심지어 식량과 말과 소의 먹이까지 실어 날라야 했다. 공병이 선두에 서서 도로를 정비하면서 행군했다.

처음부터 이 루트를 따라갈 예정이었던 부대와 사단장의 긴급 명령으로 원산에 온 부대는 준비 태세도 달랐다. 갑작스럽게 온 부대는 군부 확보가 어려워 "행군 중 필요한 짐 가마와 7일분 식량만 휴대하고" 출발했다. 이 부대에는 원산에 거주하는 일본인들도 군부로 합류했다. "그 다수는 평소에 항구 내에서 노동하는 짐꾼으로 육로 운반에 걸맞지 않았다. 출발한 지 얼마 지나지 않아 벌써 피로를 호소하며 감시를 피해 민가에 난입하는 등 한국인 군부보다 뛰어난 점을 찾아볼 수 없었다"고 지적되었다.

"병사들이 매우 피곤한데도 불구하고 새벽 3시에 출발하여 이 노선 중 가장 험준한 철령을 넘었다. 이때 행군은 1리에 걸쳐 낙오자가 매우 많았다" "피로가 극심하여 새벽에 이르러서도 모두 도착하지 못했다"는 설명도 보인다.

「결정 초안」은 부산과 원산에서의 육상 행군에 대해, "그 행군으로 비정상적인 고초를 겪었다"고 요약한다. 원산 루트를 "요컨대 경원 간 도로는 경부 간에 비해 거리가 짧고, 행군하는 부대는 2부대에 불과했다. 식량과 한전도 경부 간에서처럼 비용이 많이 들지 않았다. 경부 간 행군에 비하면 큰 어려움을 겪지 않았다"고 기록했다.「공간 전사」는 거기서 마지막 몇 글자만 기록했다는 뜻일 것이다.

청일전쟁 니시키에錦繪를 보면서 신기했던 적이 있다. 병사들의 옷차림이 너무 멋졌다. 한반도에서의 전투는 여름철에 전개됐는데, 긴팔 제복 차림으로 그려져 있다.「결정 초안」을 읽으면서 그 이유를 알 수 있었다.

"무더운 날씨에 불볕더위가 기승을 부렸고 길가에 나무가 햇빛을 가리지 않으니 병사들은 모두 겨울옷을 입었다. 이 때문에 매우 지쳐 출발한 지 얼마 되지 않아 피로를 이유로 대열을 이탈하는 자가 많아졌다. 정오 무렵에 이르러서는 일사병으로 길가에 쓰러지는 자가 많아져 대대는 마침내 멈춰 섰다"고 기록했다. 겨울옷을 입고 행군했던 것 같다.

전투가 겨울까지 이어질 것을 대비한 준비라는 생각도 들었지만, 일본군으로서는 처음 경험하는 국외에서의 본격적인 전쟁이라는 사정이 컸을 것 같다. 무엇을 어디까지 준비할 것인지 생각했다 하더라도 조

선의 사회, 지리, 기후 등에 대한 사전 지식이 부족해 어떤 전투가 될
지 구체적으로 상정할 수 없었을 것이다.

제3장

평양을 향하여

반항하는 자들이 점점 많아지다

8월 19일 서울에 도착한 노즈 제5사단장은 다음 날인 20일 혼성 제9여단에 북진을 명령했다. 그 사정을 「공간 전사」는 이렇게 기술한다.

> 제5사단장 자작 노즈 미치쓰라는 오시마 혼성 여단장으로부터 적에 대한 기존의 정보를 청취했다. 당시 평양에 집결한 청병은 많아야 1만 4~5천여 명에 불과한 것으로 판단했다. 또 한국 조정의 동향을 살피니 정부 수반인 이하응(국왕의 생부 대원군) 이하 다수 당국자는 청병이 육로로 평양에 온다는 소식을 듣고 사대事大의 생각이 다시 일어나 우리나라에 대한 신뢰가 위태로운 것처럼 보였다. 평양의 청군을 격파한 후에야 비로소 한국 조정을 개혁할 수 있는 사업을 수행할 수 있으리라 판단했다. 사단 병력이 집결하기를 기다렸다가 북진하여 신속히 적을 공격해 조선 밖으로 몰아낼 전진 계획서를 정했다.

그러나 조선 정부 고관들만 일본을 따르기를 거부한 것은 아니었다. 「결정 초안」은 "한민족이 그 위엄을 떨치고 일본인에게 반항하는 자가 점점 많아졌다" "한민족의 반항 열기가 평양에서 발원하여 날이 갈수록 남쪽으로 옮겨가 그 정도가 점점 더 심해졌다"고 기록한다.

해로로 병사를 보낼 수 없는 사정은 청군도 마찬가지여서 육로를 따라 평양으로 향했다. 병력이 늘어날수록 조선인들 사이에 반일 감정이 고조된 것으로 보인다. "인민들은 점점 오만해졌다. 황해, 평안 양도는 완전히 일본인을 적대시하는 것 같다. 더 이상 일본인은 야행 외에는 마을에 들어갈 수 없다"고 기록되어 있다.

리홍장의 머릿속

「결정 초안」은 이 시기 청나라 측의 움직임도 잘 기록했다. 놀라운 것은 총사령관이었던 북양대신 리홍장에게 정확한 정보가 전달되지 않았다는 점이다.

성환 전투는 예즈차오가 이끄는 청군의 승리로 보고되었다. 그 내용은 "예즈차오군 대승, 왜군 사망자 2천여 명, 버려진 병사 사망자 2백여 명" "예즈차오 제독 고군분투로 군사를 이끌고 적을 물리쳐 흉흉한 세력을 물리쳤다" 등이었다. 전신의 실수라기보다는 오보였던 것으로 보인다.

예즈차오의 군대는 고립된 채 일본 대군을 상대로 분투하고 있었다. 리홍장이 한시라도 빨리 원군을 보내야 한다고 최선을 다했음을 전한 뒤, 「결정 초안」은 이렇게 말한다.

가엾은 리홍장은 예즈차오 등에게 속아 아직 성환의 대패 사실을 알지 못했다.

리훙장이 성환에서의 패배를 어느 시점에 알았는지는 「결정 초안」
에도 명시되어 있지 않다. 그럼에도 펑톈奉天의 군대를 이끌고 평양에
파견된 장군 쭤바오구이左宝貴가 리훙장의 참모인 성쑤안후이盛宣懷

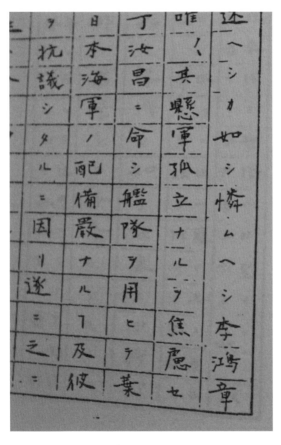

「결정 초안」에 기록된
'가엾은 리훙장'이라는
문자.

리훙장의
머릿속까지 묘사했다.

로부터 '슬픈 정보'를 입수한 것은 8월 6일이었다고 기록한다. "아산의 군사가 패하여 공주로 패퇴했고 포위당하여 아마도 전멸한 것 같다. 일본은 반드시 다시 평양을 노릴 것"이라는 내용이었다. 아마도 리훙 장이 알게 된 것도 그 무렵이었을 것이다.

사실과 다른 보고는 비단 예즈차오에게만 국한된 것은 아니었던 것 같다.

8월 10일, 평양 주변 정세를 살피던 일본군 정찰대가 평양 남쪽 교외에 있는 중화에 숨어 있다가 청군의 습격을 받았다. 청군은 보병 1개 중대(150명), 기병 1개 소대(50기)의 태세로 사관 2명, 기병 3명, 통역 2명 등 정찰대 일행을 살해했다. 이에 대해 평양에서 본국으로는 "왜군 기병 수십 명을 만나 마침내 5명을 사살하고, 3개의 목을 얻었다. 나머지 적병은 달아났다"고 보고했다.

"황주 일대에 일본군 병사들이 많다" "요충지에는 철저하게 지뢰를 매설했다"라는 말도 안 되는 정황도 일본군의 동향으로 보고되었다. 「결정 초안」은 친청과 조선인이 서울에서 발신하는 정보도 잘못됐다는 것을 기록했다.

청군은 평양에 집결했고, 평양을 향해 일본군도 북상하고 있었다. 그 병력은 청일 양군 모두 1만 7천여 명으로 서로 대치하고 있었지만, 부정확하고 과장된 정보를 바탕으로 리훙장은 일본군을 5만 명 규모로 오인했다. "한반도에 있는 일본군의 병력은 매우 큰 그림이 되어 그의 머릿속에 그려졌고, 그 결과는 그의 작전계획에까지 영향을 미치게 되었다"고 「결정 초안」은 지적한다.

황제는 평양에서 출격할 것을 요구했지만, 승산이 없다고 생각한 리홍장은 따르지 않고 평양의 장군들에게 신중하게 행동하라고 요구했다. 「결정 초안」은 "이런 정신으로 계산하는 게 용병이다. 직접 적을 상대하는 장군들도 물론 다소의 죄가 없지 않겠지만, 오히려 그들은 공허하게 사지로 내몰리는 것 같다"고 장군들의 모습을 가엾게 생각했다.

일본군이 별다른 저항을 받지 않고 평양까지 도달할 수 있었던 것은 그런 청국 측의 잘못된 정세 인식 덕분이었다고 볼 수 있다.

평양에는 뤼순, 펑톈, 샤오짠小站 등 각지의 부대가 모여 있었지만, 청군에는 그 전체를 묶을 수 있는 역량의 장수가 없었다. 무언가 합의가 있었던 것 같다. 15일 리홍장에게 보낸 증병을 요구하는 전보 역시 그런 합의 결과였던 것 같고 장군들의 연명이었다.

우선 한반도의 서해안은 배를 이용하기 쉽고 어디에서라도 잠입할 수 있어 그 방어를 위해 병력이 필요했다. 또 평양에서 서울로 가는 육로는 "여러 산이 매우 험준하고 도로가 매우 좁으며 더구나 지금은 적의 거점"이므로 당장 공격할 수 없다며, 조만간 공격에 나서기 위해서는 교전병으로 2만 명, 후방수비대로 1만 명의 병력이 더 필요하다고 요구했다. 용장으로 알려진 쮜바오구이를 제외하면 청나라 장군들은 전투 의지가 부족했다. 후방수비대란 평양에서 중국으로 향하는 육로 수비를 염두에 둔 것으로 보이며, 퇴로를 확보하지 못하면 위험해서 싸울 수 없다는 주장인 듯하다.

주목할 부분은 그 이유에 대해 "현 정세, 한민족은 오직 이익만을 추구한다. 그 도적에게 통하지 않는 것이 없다. 외적과 교전하면 틈새를 노리는 자가 적지 않으니 반드시 먼저 백 가지를 신중히 해야 한다"고 말했다.

지금은 순종하는 조선 사람들이 언제 일본 편으로 돌아설지 모르기 때문에 경계를 늦추지 말아야 한다는 의미일 것이다. 청일전쟁은 조선의 지배권을 둘러싼 전쟁으로 알려져 있는데 일본군도 그랬지만 청국군도 조선인들과 싸우고 있었다.

이 무렵 리훙장에게 청군의 기강 해이를 지적하는 보고가 들어왔다. 가장 먼저 평양에 들어온 성자군盛字軍이 특히 심했던 것 같다. 리훙장은 16일 장군 웨이루구이衛汝貴에게 "성자군은 간음과 약탈을 일삼고 민심을 교란하여 군기를 크게 해쳤다. 분노를 참을 수 없다. 속히 공명정대하게 심사하고 엄중히 징계하여 민심을 따라야 한다. 너는 스스로 부끄러워해야 한다"는 엄중한 전보를 보냈다. 강간과 약탈이 너무 심하다는 뜻이었을 것이다. 이후에도 리훙장은 거듭 군기 정화를 요구했지만, "성자군의 군기가 결국 고쳐지지 않아 재평양 청국군 전체에 큰 불행을 불러일으켰다"고 「결정 초안」은 기록한다.

이처럼 청국군의 전력 분석과 내부 사정에 많은 지면을 할애한 것도 「공간 전사」와 다른 「결정 초안」의 커다란 특징이다.

부족한 식량

제5사단장 노즈 미치쓰라 중장은 9월 1일 평양을 향한 진격을 명령했다. 서울에서 평양까지 65리, 원산에서 평양까지 50리 거리인데, 14일까지 평양 근교에 일제히 집결해 15일에 평양 총공격을 개시한다는 계획이었다.

평양을 향한 행군에서도 주목해야 할 것은 보급 태세였다.

15일의 총공격 단계에서 각 부대가 얼마나 많은 식량을 가지고 있었는지 「공간 전사」에도 기록되었다. 건빵과 같은 휴대식량은 모든 부대가 이틀 분량을 가지고 있었지만, 쌀 같은 일상식량을 이틀 분량 가지고 있던 부대는 서울에서 선봉대로 북상한 혼성 제9여단뿐이었다. 혼성 여단보다 동쪽 가도를 따라 북상한 삭령지대는 이틀 분량이었지만 조와 콩이 섞여 있었다. 노즈 사단장이 이끄는 사단 주력과 원산지대는 '없음'으로 표기되었다. 삭령지대는 마쓰야마松山에 본거지를 둔 제10여단장 다즈미 나오후미立見尙文 소장이 보병 제12연대(마루가메丸亀) 등을 이끌고 있었다. 원산지대는 나고야 제3사단의 선봉대로 원산에 파견된 보병 제18연대(도요하시豊橋)가 중심으로 연대장인 사토 다다시佐藤正 대좌가 지대장을 맡았다.

어떻게든 평양까지 도착한 일본군이었지만 군량미는 한계에 달했다. 이틀 만에 함락시키지 않으면 더 이상 전투를 지속할 수 없는 상황이었다.

왜 그런 위태로운 상황을 초래한 것일까? 「공간 전사」는 "일본과 공수동맹을 맺은 조선 정부는 힘을 다해 인마 징발을 도왔다. 관리를 파견하여 포고령을 내려 국민을 독려했다"고 하지만, "정부의 위신은 땅에 떨어져 명령을 따르는 자가 거의 없었다"고 기록한다. 그 행군의 내막에 대해서는 "보급상의 어려움에 빠졌다"는 문구는 있지만, 또 한편으로는 "식량이 끊기는 일이 드물어 마침내 군대는 굶주림을 면할 수 있었다"고 말한다. 힘들었지만 어떻게든 해결했다는 설명이다.

이에 대해 「공간 전사」는 "독자들이 만약 이 서사를 간과한다면, 혹시라도 군대의 움직임을 참으로 쉬운 일처럼 이해할 수 있다"며, 평양을 향한 행군이 결코 쉬웠다는 식으로 오해하지 말라고 주의를 당부한다.

더욱이 "당시 군대를 동원하여 이렇게 움직이는 것이 결코 쉬운 일은 아니라는 사실을 기억하지 않을 수 없다. 그 당시 출병에 따르는 보급 수단을 확보하는 일이 매우 어려웠기 때문이다. 평양 공격의 어려움은 전투 작전보다 오히려 식량 운반에 있었다. 아니 공격의 위험성은 전적으로 군대의 보급을 계속할 수 있느냐의 계산 여부에 달려 있다. 생각건대 개전 당시의 식량 운반력을 돌아보고 오로지 군대 보급

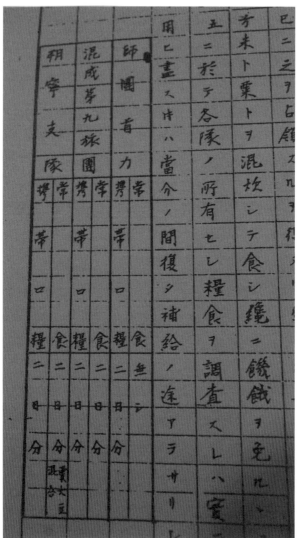

만을 고려할 때, 먼저 병참부대에 충분한 운반력을 비축하지 않으면 진격은 거의 불가능하다고 할 수 있다"고 말했다. 식량 운반 수단을 확보하지 않은 채 '위험한 행군'을 하는 것은 있어서는 안 될 일이었다고 강조한 것이다.

왜 위험한 행동을 감행한 것일까? 이에 대해 「결정 초안」은 "작전적, 정략적 기회의 요구는 제5사단장으로서 여기에 오로지 마음을 쏟을

서울 근교에 설치된 '용산병참부'.
물자 수송 거점으로 군량미는 여기까지 도착했다.(국회도서관 소장 「일청전쟁사진첩日淸戰爭写真帖」)

겨를이 없었고, 이 위험한 진군을 단행하지 않을 수 없었다"는 제5사단장의 판단 때문이었다고 지적한다.

작전적, 정략적 요구란 무엇이었을까? 식량은 갖고 있었다. 식량은 "항상 병참의 근거지인 용산 또는 인천, 원산 두 항구 등 선박이 다니는 지점에 쌓아놓고 아직 한 번도 부족함이 없었던" 상황이어서 항구까지는 무사히 도착했다. 그러나 "일본군의 가장 큰 어려움은 식량을 운반할 재료, 즉 인부와 운송 수단의 부족에 있었다"고 설명한다.

「결정 초안」은 애초에 부대의 병참을 담당하는 기능이 취약했음을 지적한다. 제5사단장이 서울에 도착하기 전 단계에서 혼성 제9여단은 단독으로 북진을 계획했는데, 청군이 남하하기를 기다렸다가 격퇴하고 청군이 비축한 식량을 탈취할 것을 전제로 한 작전이었다.

제5사단 병력이 모두 집결해도 태세에 큰 변화는 없었다. 서울 출발 단계에서 확보한 것은 일본인 군부 1,549명, 한국인 군부 918명, 말 654마리, 소 336마리, 수레 70대였다. 하지만 필요 병력은 한국인 군부 1만 명, 말 3천 마리로 추산되었다. 사람도 말도 턱없이 부족했다.

사단장은 부족분을 도중에 확보할 수 있도록 해달라고 요청했고, 이에 오토리 공사는 "우리 사단은 조선을 위해, 조선 국내에 있는 지나병支那兵을 격퇴할 목적으로" 싸우는 것이라며 조선 정부에 협조를 요청했다. 그런데 그 결과를 이렇게 전한다.

약간의 군부는 어디든지 고용할 수 있겠지만, 인력이 부족해서 한꺼번에 많은 인원을 구하기 어렵다. 더군다나 당시 길가의 백성들은 전쟁의 위험을 피해 피난하는 자가 많다. 따라서 인부와 말을 징발하는 게 쉬운 일이 아니다.

많은 군부와 말을 현지에서 모으는 것은 애초부터 불가능했다는 설명이다. 조선 정부의 반응도 신통치 않았다. 「결정 초안」은 조선 정부의 태도를 이렇게 밝혔다.

성환 전투에서 혼성 여단이 청군을 격파하고 돌아온 이후 다소 그 위력에 주눅이 드는 정도가 증가했다. 그러나 표면적으로는 오토리 공사의 지시에 복종했지만, 내심으로는 사대 관념이 여전히 전혀 떠나지 않았다. 이후 청군이 육로로 평양에 집결하여 그 기세가 매우 격렬한 것을 보고 정부의 수장인 이하응(대원군)을 비롯한 당국자 다수는 점차 청일 양국의 앞으로의 승패의 귀착을 의심했다. 따라서 일본 제국의 위신과 그들의 내심에 부담을 느껴 공사는 일본군이 평양에 있는 청군을 격파하지 않고서는 사업에 성공할 수 없는 정황에 있다.

성환 전투도 그랬지만, 청군과 싸워 이기는 모습을 보여줘야 할 필요성이 있었다. 그것도 '정략적 요구' 중 하나였을 것이다.

대본영도 손을 놓고 가만히 있을 수 없었다. 뒤늦게나마 병참 요원들을 파견했다. 그러나 사단장은 그들이 도착하기를 기다리지 않고 평양을 향한 행군을 시작했다.

사단장의 사정

그런데 왜 그렇게 평양 진격을 서둘렀을까?

「결정 초안」도 이 대목에서는 매끄럽지 못하다. 청군의 태세가 강화되기 전이라는 생각이 있었을 것이다. 「결정 초안」은 청군의 동향을 상세히 설명한다. 평양에서 병력 증강을 요청했다. 리훙장도 이에 응하려 했지만, 취한 수단은 신병 모집이었다. 당시 일본군이 동원할 수 있는 야전 총병력은 7개 사단이고, 1개 사단은 전시 편제로 최대 1만 8,500명 규모였다. 이에 비해 청나라군은 5배 이상의 병력을 보유한 것으로 알려졌는데, 넓은 국토에 흩어져 있고 지휘권은 각지의 총독들이 쥐고 있어 사병과 군벌의 색채가 짙었다. 교통이 불편하고 많은 병력을 수송하는 데 필수적인 자체 선박도 없었다. 풍도 해전에서 일본군은 청군을 태운 수송선을 격침시켰는데, 이 배는 전세 낸 영국 국적의 배였다.

일본과 싸운 청국군의 실체는 직예총독 겸 북양장관인 리훙장 휘하의 부대에 만주 각지의 군대를 합친 것이었다. 이들은 기본적으로 용병이라서 진흙탕 싸움처럼 보이지만, 증원하려면 신병을 모집해야 했다. 인원이 모였다고 해도 당장 전력으로 활용하기는 어려웠다.

「결정 초안」은 "강직하고 용맹한 노즈 제5사단장은 온갖 어려움을 무릅쓰고 이를 수행하겠다"고 결심하면서, 병참감에게 "어떠한 어려움이 있더라도 식량 보급을 이유로 공격군의 작전을 방해해서는 안 된다"고 요구했다고 한다.

식량 보급이 늦어지는 게 작전계획을 변경할 이유가 되지 않는다고 선언한 것이다. 그렇다면 무엇이 노즈 사단장을 그렇게까지 평양으로 서두르게 한 것일까?

당시 노즈 사단장의 입장에서 살펴보자. 중국 본토에서의 결전을 계획하고 있던 대본영은 황해의 제해권을 장악하지 못하자 한반도에서 청나라 세력을 몰아내는 작전으로 전환했다. 조선에서의 전력 증강을 위해 나고야에 거점을 둔 제3사단을 동원해 제5사단과 함께 제1군을 편성했다. 제5사단이 평양을 향해 북상하기 시작한 9월 1일, 사령관에 추밀원 의장이며 대장인 야마가타 아리토모山県有朋가 임명되었다. 야마가타 사령관에게 주어진 임무는 이랬다.

다섯째, 제3사단은 귀관이 조선에 도착할 때부터 귀관의 지휘에 속한다. 이때부터 귀관은 종래 제5사단장이 가지고 있던 모든 임무를 담당한다.

니시키에 「평양격전락성지도平壤激戰落城之図」에 묘사된 노즈 사단장.

최종적으로 원수로 승진한다. 황족을 제외하면 야마가타 아리토모, 오야마 이와오大山巖
에 이어 세 번째 영예였다.

노즈 사단장이 부대를 자유롭게 움직일 수 있는 것은 야마가타 사령관이 조선에 도착할 때까지였다. 야마가타의 출발은 다소 시간이 걸렸다. 뤼순 파견을 염두에 두고 도보와 차량으로 운반하는 편제로 편성된 제3사단을 한반도 실정에 맞추어 말 중심으로 바꿔야 했기 때문이다. 그럼에도 6일부터 9일에 걸쳐 수송선 29척이 잇따라 히로시마의 우지나字品 항구에서 출항했다. 청국 함대가 출격할 기미가 보이지 않자 대본영은 해상 수송에 나섰다. 야마가타는 10일 한반도 남단의 연합함대 집결지에서 이토 스케유키伊東祐亨 사령관과 회담했다. 연합함대의 호위를 받은 수송 선단이 속속 인천항에 도착했고, 야마가타는 12일 인천에 상륙했다. 15일 전후로 모든 부대가 상륙을 완료할 예정이었다.

노즈 사단장이 평양 공격 개시일로 정한 9월 15일이 바로 그날이었다. 이날은 동시에 히로시마로 옮긴 대본영에 메이지 천황이 도착할 예정일이기도 했다.

노즈 사단장은 강한 의지를 품고 있었을 것이다. 평양 공략을 자신의 손으로 이뤄내고 싶다는 생각이었을 것이다. 누구보다 풍부한 실전 경험이 있고, 할 수 있다는 생각도 작동했을 것이다. 그는 9년 동안 직접 키운 사단을 이끌고 있었다.

제1군 사령관으로서 상관이 되는 야마가타와는 나이 차이가 세 살

밖에 나지 않는다. 노즈가 히로시마에 머물러 있는 동안, 야마가타는 내무상과 농상무상을 거쳐 총리, 추밀원 의장 등을 역임했고, 전쟁이 시작되자 휴직 처리된 대장으로서 육군에 복귀했다. 한편 제3사단장으로서 동격인 가쓰라 다로桂太郎는 여섯 살이나 밑이었지만 육군차관 등 중앙의 요직을 두루 거쳤다. 게다가 야마가타와 가쓰라는 모두 조슈長州 출신이었다.

노즈와 여섯 살 차이의 형 시즈오鎮雄는 오노즈大野津로 불리며 사쓰마 육군을 대표하는 인물로 촉망받았으나, 중장 시절인 40대 중반에 사망했다. 사쓰마 출신으로 출세한 대표적 인물은 육군대신 오야마 이와오大山巖였지만, 그는 오노즈小野津로 불리던 미치쓰라道貫보다 한 살 어렸다.

군제사학자 마쓰시타 요시오松下芳男는 그의 대표작 『일본 군벌 흥망사日本軍閥興亡史』의 청일전쟁 부분에서 "전쟁은 군인의 빛나는 무대다. 누구나 군인은 그 경우의 요직을 원한다"고 말한다. 평양 공략은 노즈 사단장에게 무엇보다 좋은 무대였을 것이다. 이를 위해 어떤 위험과 희생도 감수할 수 있었다. 그런 마음이 「결정 초안」 곳곳에서 느껴진다.

제4장

평양의 공방

비참한 식량 사정

「결정 초안」은 노즈 사단장의 명령으로 실행된 평양을 향한 행군을 "식량 운반력을 고려하면 이번 평양 공격은 거의 불가능할 수밖에 없다. 그러나 제5사단장은 이를 단호히 실행에 옮겼다. 각 부대가 출발 이후 평양 점령에 이르기까지 가장 참담했던 것은 첫째로 군대 보급이었다"고 서술하면서 '원래 있어서는 안 될 일'이라고 엄중히 비판한다.

그러면서 "이 행군의 정황을 서술하는데 특히 각 부대장이 이 일에 심혈을 기울이는 광경을 묘사하는 데에 힘썼다. 독자가 만일 기사의 번잡함을 참아내어 이를 음미한다면, 그 일면을 엿볼 수 있을 것"이라며, 각 부대의 고난의 정황을 상세히 기록했다. 「공간 전사」에는 거의 찾아볼 수 없는 면이다.

선봉으로 의주 가도를 진군한 혼성 여단은 현지에서 식량 징발을 시도했지만, "양곡은 대부분 청군이 사전에 징발했다. 여단은 도저히 이를 이용할 수 없는 상황이었다"는 정황이었다. 이미 청군이 징발해 버려 남아 있지 않았다는 것이다. 5일 검수 지방에 이르렀을 때는, "여단이 매우 식량난에 처하여 어제 장교 이하 각자가 가지고 있는 쌀을 사용했으나 다른 것으로 보충할 수 없어 각 부대의 양곡을 조정해 겨우 오늘 급식을 먹을 수 있었다"는 절박한 상황이었다고 전한다.

「결정 초안」은 그럼에도 행군할 수 있었던 것은 청군이 공격해 오지 않았기 때문이라고 지적한다. 통역과 병사들이 주변 마을을 돌아다니며 식량과 연료를 조달해 굶주림을 면할 수 있었기 때문이었을 것으로 보인다.

혼성 여단보다 동쪽 코스로 북상한 삭령지대는 산이 많은 경로였기 때문에 운반 능력에 더 많은 제약을 받았다. 총포탄도 최소한으로만 운반할 수 있었고, 총탄은 1정당 120발에 불과했다. 전투가 벌어지면 너무 부족해 추가 수송을 신청했지만, 사단장은 하루라도 빨리 평양에 도착하기 위해 이를 허락하지 않았다. 식량은 금방 바닥을 드러냈다. 부대 내를 총체적으로 점검한 결과, 말먹이로 쌀을 소지하고 있는 것을 발견하고 이를 병사에게 배당해 2일분의 식량을 충당할 수 있었다고 한다.

원산에서 서쪽으로 이동해 척량산맥을 넘어 평양을 목표로 한 원산지대와 삭령지대는 이때부터 연락을 주고받으며 연계하여 행동하게 되었다. 위기감 때문이었다고 「결정 초안」은 설명한다. 만약 후퇴하는 상황이 되면 병력이 적은 삭령지대는 곧 고립되어 전멸할 위험이 있다. 같은 처지의 원산지대와 힘을 합칠 수밖에 없다는 판단이었다.

가장 힘든 행군을 해야 했던 것은 원산지대였던 것 같다.

출발 다음 날에는 식량 배급이 줄어들었다. "하루 한 사람의 식량을 쌀 4되 5홉으로 줄였다. 즉, 한 끼에 1홉 5작에 해당하는" 상황이었다. 이틀 뒤에는 "삼시 세끼 중 한 끼는 더 줄여서 7작 5재의 죽을

먹게 했다. 즉, 하루 한 사람의 양은 3홉 7작 5재였다"고 「결정 초안」
은 기록한다.

"원산에서 평양까지 약 50리, 도로가 험악하고 인적이 드물었다. 군
부, 소, 말 등 징집해야 할 것이 매우 적고, 징발할 수 있는 식량도 거
의 없다"는 열악한 환경에서 원산에 체류하는 일본인을 군부로 고용
하여 출발했다. 하지만 인원이 적어 "과도한 노동에 시달리다 보니 근
무 후 며칠 만에 이미 질병에 걸려 후송해야 하는 사람이 많았고, 소
는 도중에 죽어갔다"고 한다. "식량 배치는 항상 예정대로 이루어지지
않아 지대는 순식간에 보급에 있어 어려움에 빠지게 되었다"는 사태
가 벌어졌다.

출발한 지 일주일쯤 지났을 때, 원산지대에서 삭령지대에 식량 지원
요청이 들어왔다. "길이 험난하여 식량을 구할 수 없다. 바라건대 마
음을 담아 식량 원조가 있기를 간절히 바란다"는 내용이었다. 하지만
삭령 지대장은 "도중 독단적으로 징발하여 겨우 부족함을 면했다. 따
라서 도저히 우리 측에서 원산지대에 식량을 보급할 수 없다"고 답할
수밖에 없었다.

그럼에도 「결정 초안」은 원산지대가 간신히 굶주림을 면할 수 있었
던 것은 날씨 덕분이었다고 지적한다. "만약 이 기간에 불행히도 며칠
동안 비가 내렸다면 양덕 지방 산간 도로는 순식간에 범람하여 교량
이 유실되고 도로가 파괴되는 등 운반의 어려움은 물론이고, 비옷 등

장비 하나도 완벽한 것이 없었기 때문에 식량 대부분이 물에 젖어 먹을 수 없는 지경에 이르렀을 것"이라고 서술하며, 운이 좋았다고 총평한다. 청국군과 싸우기 전 일본군 장병들은 극심한 굶주림과 싸우며 평양을 향해 나아가고 있었다.

당시 얼마나 긴박했는지 잘 보여주는 지시가 「결정 초안」에 기록되어 있다. 평양 공격을 앞두고 원산 지대장이 휘하 부대장에게 내린 지시였다.

> 보급이 극히 빈약해졌다. 나는 15~16일은 휴대용 식량으로 전투를 치를 것이다. 평양을 함락시키지 못하면 더 이상의 식량은 없을 것이다. 식량에 관해 오늘 이후 각 부대는 각자 적절한 수단을 취해야 한다.

공격은 9월 15일

노즈 사단장이 이끄는 사단 본대가 3일 개성에 도착했을 때, 대본영의 전보가 도착했다. 제1군의 발족을 알리고, 군사령관으로 임명된 야마가타가 조선에 도착하면 그 지휘 아래 들어갈 것을 명령하는 내용이었다. "사단장은 이 명령을 접하고도 군사령관의 도착이 언제일지 아직 알지 못하므로 여전히 기존의 직권과 임무를 가지고 평양 공격의 구상을 조금도 바꾸지 않았다"고 전한다.

이 단계에서 제5사단은 청국군에 대해 독자적인 정보가 없었고, 모든 것을 대본영에 의존하고 있었다. 평양 공격 지원을 요청했던 연합함대로부터는 후속 부대 수송으로 손이 모자란다는 이유로 지원을 거절당했다. 그러자 사단장은 "참모장으로부터 만약 두세 척의 지원이 있으면 좋겠다는 전보를 받았을 뿐이다. 우리 사단의 공격 계획은 처음부터 조금도 함대를 고려하지 않았다. 사려 깊지 못했다"고 답전했다. 그리고 노즈 사단장은 증원 목적으로 원산에 도착한 제3사단 후속 부대에 식량 공급이 불가능하다는 이유로 평양으로 가지 말고 그대로 원산에 머물러 있으라고 명령했다.

계획을 일주일이나 열흘 정도 연장하면 식량 보급 태세도 어느 정도 갖춰지고 해군의 지원도 가능해져 분명 더 큰 세력을 결집할 수 있었을 것이다. 하지만 노즈 사단장의 시선은 15일에 평양 공격을 개시하겠다는 한 곳에 쏠려 있었던 것 같다.

그동안 소규모 전투는 있었으나 평양 이남에 배치되어 있던 청군 부대는 본격적인 전투를 벌이지 않고 평양으로 후퇴했다. 이때 남겨둔 식량이 일본군을 도왔다. "혼성 제9여단이 징발하거나 적병이 쌓아둔 양식을 발견하여 그나마 자급하며 전진할 수 있었다. (중략) 만약 당시 적군이 고식姑息의 수단을 가리지 않고 단호하게 청야淸野의 방법을 썼다면 여단은 곤경에 처했을 것"이라고 말한다. 고식이란 임시방편이고, 청야란 깨끗하게 말끔히 없앤다는 뜻일 것이다. 청군이 급히 철수한 덕분에 도움을 받은 행군이었다고 「결정 초안」은 지적한다.

이에 대해 「공간 전사」와 「결정 초안」은 대조적으로 서술한다. 서울에서 보급망을 담당하던 다케우치 세이사쿠竹內正策 병참감(보병 중좌)의 움직임을 기록한 내용이다.

「공간 전사」는 "다케우치 병참감은 경성 부근에서 대대적으로 소와 말을 징발하여 이를 먼저 수송하게 했다. 9월 중순까지 수송한 소와 말은 약 1천여 마리에 달한다. 또 인천 거류민은 어려움을 보고 20명의 의용단을 만들어 한국인 군부를 감독하고, 경성 거류민도 역시 20명의 의용단을 조직했다. 조선어에 능통한 두 의용단은 한국인 군부 감독자로서 큰 도움을 주었다"고 말한다.

보급 태세가 대폭 강화된 듯한 인상을 주지만, 또 한편 「결정 초안」은 다케우치 병참감으로부터 오시마 혼성 여단장에게 보낸 전보를 "그동안의 병참 사정을 엿볼 수 있어 더욱 명확해졌다"며 이렇게 기록한다.

여단은 사단이 되고, 사단은 다시 군단이 된다. 즐거움은 곧 즐거움이다. 그러나 식량 운반은 이 즐거움과 완전히 대조적이다. 귀여단이 영향을 받은 어려움을 알고 밤낮으로 잠을 이루지 못한다. 개성 이북은 이미 징발이 어렵다는 말을 들었고, 더 북쪽으로 가면 집 안에 사람이 없다는 말을 들었다. 새삼 놀랄 일도 아니다.

용산에서 날마다 수송하는 군부와 말은 절대로 적지 않지만, 도망치는 것은 어쩔 수 없는 일이다. 엊그제 환자 수송부대가 인솔한 백여 명은 임진에 이르지도 못하고 도망쳤다. 조선 정부를 질책하고 경성과 인천의 거류민까지 힘을 다해 노력했지만 실제로 효과를 보지 못했음을 한탄한다.

여단에서 사단으로, 사단에서 군단으로 조선의 일본군 규모는 커졌지만, 그에 따라 식량 운반이 어려워졌고, 북상할수록 곤란 정도가 심해졌다는 것을 전한다. 어느 쪽이 더 정확하게 실상을 전하고 있는 것일까? 비교해 보면 후자일 것이라는 생각이 자연스럽게 든다.

평양 총공격

「공간 전사」를 읽어보면 별다른 어려움 없이 평양에 도착한 일본군이 곧바로 총공격에 돌입한 것처럼 보인다. 하지만 굶주림과 싸우며 전진하던 일본군에 평양을 눈앞에 두고 난관이 있었다고 「결정 초안」은 전한다. 대동강이었다.

평양을 둘러싸고 흐르는 대동강을 어느 지점에서 어떻게 건널 것인가가 큰 과제였다. 도보로 건널 수 있는 곳이 있는지, 배를 확보할 수 있는지, 다리를 놓을 수 있는지 다양한 가능성을 모색하며 각 부대가 정찰을 거듭한 것을 「결정 초안」은 상당한 지면을 할애하여 설명한다.

그리고 9월 15일 총공격을 맞이했다.

노즈 사단장의 작전은 평양을 포위하듯 공격하는 것이었다. 이것이 바로 육군대학교에서 멕켈이 가르친 전법이라고 한다. 독일 육군은 '분산 진공과 집중 공격'을 하나의 원칙으로 삼았다. 적을 향해 분산하여 전진하고 현지에서 병력을 집결, 결전을 통해 포위하는 방식으로, 유럽 대륙에서 가장 먼저 철도망을 정비한 독일의 장점을 살린 전술이었다. 평양 공략 작전은 그 원리를 충실히 실행한 것으로 보인다.

평양 도성은 크게 S자형으로 구불구불하게 북에서 남으로 대동강이 흐르는 서쪽 강변에 자리 잡고 있다. 정면이라 할 수 있는 의주 가도를 따라 강 동쪽 기슭에서 혼성 제9여단이 공격했다. 삭령지대와 원산지대는 북방에서 접근했다. 사단 주력부대는 대동강 하류로 건너가 크게 우회하여 서쪽에서 공격했다.

전투는 새벽에 시작되었다. 오후 4시 40분, 북쪽의 을밀대와 그 성문에 흰 깃발이 휘날렸다. 단 하루 만에, 더 정확히 말하면 반나절 만에 한반도 최대의 청군 거점이 함락됐다.

혼성 제9여단의 고군분투

이 전투는 궁금하지 않을 수 없다. 왜 청군은 전투를 중단했을까? 사실 「공간 전사」를 읽어봐도 일본군은 상당히 고전하고 있었다. 가장 어려운 상황에 놓인 것은 정면에서 공격한 혼성 제9여단이었다.

오시마 여단장이 이날 저녁 노즈 사단장에게 보낸 보고서가 있다.

"지휘할 수 있는 예비대 대부분을 동원하여 적진에 밀집했다. 전선을 20~30미터까지 진격하여 포위 공격했으나 지형적 불리함으로 돌파하지 못했다. 오늘 중으로는 도저히 목적을 달성할 수 없다고 판단하여 오후 2시 반을 기해 옛 수성지로 물러나기로 결심했다"며 청군의 진지를 공격했지만, 공략하지 못하고 철수한 사실을 적었다. 이어 "우리 여단은 지금 충분한 작전력을 갖추지 못했음을 각하께 보고하지 않을 수 없다"고 밝혔다.

목표를 달성하지 못했을 뿐만 아니라 피해가 커서 더 이상 충분히 싸울 수 없는 상태라고 보고한 것이다. 총인원 3,600명의 여단은 전사자가 140명, 부상자가 290명에 달했다.

더욱이 "삭령, 원산 양 지대와의 연락은 어젯밤에야 비로소 서로 연락이 닿아 이후의 전황을 알 수 없다. 포성이 점차 멀어지는 것으로 보아 공격을 중단한 것인지도 알 수 없다. 지금은 더 이상 포성이 들리지 않으니, 오늘 밤 삭령지대를 향해 특사를 파견하여 사정을 묻고자 한다"고 기록했다. 다른 부대의 동향을 전혀 파악할 수 없는 상태에서 전투를 개시했고, 그 고립된 환경에서 이 보고서를 작성했다.

그 '어젯밤'의 연락으로 오시마 여단장은 삭령 지대장 다즈미 나오후미 소장에게 "내일 15일 오전 8시경에 평양에서 귀 각하와 악수하고 천황 폐하의 만세를 축하할 수 있기를 바란다"고 전했다. 성환 전투를 경험한 오시마 여단장은 몇 시간만 있으면 평양을 함락시킬 수 있다는 생각으로 총공격에 나섰다가 대기하고 있던 청군에 큰 손해를 입었다. 도하 지점 검토에는 공을 들였지만 적진 정찰이 미흡했고, 평양성 정문으로 향하는 길목에 견고한 보루가 구축되어 있다는 사실조차 알지 못한 채 공격에 나섰다. 결코 이겼다고 할 수 없는 전황이었다.

삭령지대 전투

백기가 내걸린 것을 목격한 삭령지대 전투는 어땠을까?
「공간 전사」는 이날 오후의 상황을 이렇게 기록한다.

간헐적인 사격으로 전투를 지속하다가 오후 2시 30분경에 이르렀다. 적의 화력이 전반적으로 쇠약해졌을 뿐만 아니라 우리 포격의 효력 또한 저조함을 인정하고 마침내 포병 중대에 사격 중지를 명령하고 보병만으로 완만한 사격을 계속했다. 오후 3시 30분경에 이르러도 전황은 여전히 변하지 않았다. 도저히 오늘 중으로 결전을 펼칠 희망이 없으므로 지대장은 지대를 편성하여 전투 준비 태세를 갖추고 현 지점에서의 야영을 결정했다. 지대장은 오후 4시경 제2보루 내에서 숙영 명령을 내리고 이를 원산지대에 보고했다.

숙영 명령은 ▽지대는 오늘 밤 현재 위치에서 밤을 지새울 것 ▽보급은 휴대용 식량으로 할 것 등 6가지 항목이었고, 내일 밤 10시에 명령을 전달할 테니 지대 본부에 모이도록 명했다. 전투가 교착상태에 빠져 전망이 보이지 않고 식량에 여유가 없음을 알리고 있다.

그런데 "오후 4시 40분경에 이르렀다. 전면 성벽을 지키던 병사들이 갑자기 사격을 멈추었다. 을밀대에 세워진 장군 깃발 대신 백기를 들고 성문 등 몇 군데에서 또다시 백기를 휘날리는" 광경을 목격했다. 망루에 있는 청나라 병사에게 군사를 보내라고 했지만, 청군의 반응이 없었다.

평양의 '모란대와 현무문'.

삭령과 원산
양 지대가 공격한
이 일대에 백기가
휘날렸다.
(국회도서관 소장
「일청전쟁사진첩
日清戦争写真帖」)

성문까지 나가 필담과 조선어 통역을 통해 성문의 개방을 강요하자, "내일 아침을 기다렸다가 문을 열겠다"는 대답이 돌아왔다. 요점을 알 수 없어 청국어를 할 줄 아는 가쓰라桂太郎 대위가 "빨리 성문을 열어 항복 절차를 맺지 않으면 백기를 들어도 항복의 효력이 없다"고 강요했다. 그러자 청나라 장교는 "열쇠를 가지러 간다"며 시간적 여유를 요구했다.

그렇게 협상하고 있는 삭령 지대장에게 사단장의 전령이 찾아왔다. 원산 지대장에게 서한을 전달하는 임무였는데, 원산 지대장의 행방을 알 수 없었다. 그래서 삭령 지대장에게 전달해 달라고 부탁한 것이다. 서한 내용은 "나는 오늘 오전 8시를 기해 본대 각 부대와 함께 산천동, 신지동 전선에 이르러 약 2시간의 전투 끝에 적의 기병 70기를 격파하고 78명을 포로로 잡았다. 오전 10시 이후에는 거의 휴전상태에 이르렀다. 적의 진지는 견고하다. 우리가 공격하지 않는 대신 그들 또한 역시 나오지 않아 서로 견제한다. 나는 내일 새벽에 전력을 다해 서문을 향해 공격을 시도할 것이다. 귀관은 힘이 닿는 대로 나를 도와야 한다. 귀관은 직접 나에게 귀관의 목적과 전황의 개요를 보고하라"는 내용이었다. 사단장이 이끄는 사단 주력부대도 눈에 띌 만한 전과를 올린 것은 아니었다.

서한을 받아본 삭령 지대장은 사단장에게 청군이 항복의 깃발을 내걸었으니 지대는 성 안쪽으로 진입하려 한다고 전하라고 전령에게 부탁했다. 삭령 지대장은 부대를 이끌고 궁릉문으로 향했지만, 성문은 열리지 않았다. 항복이 속임수일지도 모른다고 의심한 지대장은 청군의 '개문 연기' 요구를 받아들여 일단 물러났다.

청나라 말을 할 줄 아는 가쓰라 대위가 단독으로 성 안쪽으로 들어가 협상을 벌였으나, "내일 성문을 열겠다"는 청군의 태도는 변함이 없었고, 오후 8시에 지대 사령부로 돌아왔다. 이후 삭령지대는 "도주해 온 소수의 적군을 포획 사살한 것 외에는 별다른 성과 없이 밤을 지새웠다"고 기록되어 있다.

원산지대에 도착한 '항복' 편지

삭령지대와 연계하면서 전투를 전개하던 원산지대도 백기를 확인했다. 「공간 전사」는 이렇게 전한다.

성벽에 버티고 있는 적 보병과 지구전을 벌였다. 오후 3시경부터 이 방면의 적의 화력이 점차 약해졌다. 4시 40분경에는 사격을 멈추고 이어서 백기가 성벽 위에 휘날리자 원산 지대장은 호령을 통해 사격 중단을 명령했다.

얼마 지나지 않아 조선인 한 명이 성 밖으로 나왔다. 평안도 관찰사라고 하니 조선 정부의 현지 책임자, 오늘날로 치면 평안도 지사에 해당하는 민병석閔丙奭의 서한을 전달하러 온 사자였다. 서한 내용은 이랬다.

平安道閔丙 致書日本領兵官麾下現華兵已願退兵休讓諸照萬国公法上戰候回○即揚白旂回國望勿開槍立候回書　閔丙奭

청병은 이미 만국공법에 비추어 휴전을 요청하고 백기를 들고 나라로 돌아가기를 원했다. 공격하지 말아 달라는 의미일 것이다. '회'라는 글자에 이어 '○'이 적혀 있는데, 이는 폭우로 인해 글자가 번져 도저히 판독할 수 없는 글자였다.

원산 지대장 사토 다다시 대좌는 즉시 입성 의사를 전달했지만, "성 안쪽에는 청병으로 매우 혼잡하다. 내일 아침 문을 열 예정이니 그때까지 기다려 달라"는 청군의 태도는 바뀌지 않았다. 그럼에도 입성을 강행하기 위해 오후 6시가 넘은 시각에 모든 부대가 집결해 '천황 폐하 만세'를 삼창한 뒤 대열을 정비하고 칠성문을 향해 행진을 시작했다. 그 순간 삭령 지대장 다즈미 나오후미 소장으로부터 '입성 중지' 명령이 도착했다. 오후 7시 이전이었다.

이에 성 밖에서 야영하게 되었다. 밤 8시쯤부터 천둥번개가 치더니 9시가 되어서야 비가 조금 그쳤다. 갑자기 청병이 나타났다.

의주 가도의 보초는 급사격으로 적의 습격을 알렸다. 이에 소초는 즉시 중대의 방호선인 병현 남쪽 약 400미터 지점을 점거하고 이에 대응할 준비에 들어갔다. 적의 대열은 나팔을 불며 의주 가도를 따라 전진해 왔다. 이윽고 우리에게 다가오자 소대는 급사격을 개시하여 적을 진압했다. 적의 일부는 약간 저항했으나, 대부분은 조금도 항쟁하지 못했다. 바로 의주 가도 서쪽의 밭으로 들어가 보통강 좌안 땅을 남교동 방향으로 도주했다.

청군이 대열을 지어 성문을 빠져나온 것이다. 의주 가도는 서울에서 평양까지 일본군이 따라갔던 길인데, 그 북쪽은 중국과의 국경인 의주로 이어져 있었다. 나팔을 불며 나아갔고, 놀란 일본군이 총을 쏘아도 거의 응전하지 않고 달아났다.

사단 주력부대를 이끌던 노즈 사단장이 백기를 들었다는 사실을 알게 된 것은 삭령지대에 보낸 전령이 돌아온 오후 7시 반쯤이었다. 「공간 전사」는 "그러나 사단장은 적이 백기를 내건 것은 공세를 포기하고 야간에 몰래 빠져나가려는 속임수가 아닌지 의심하고 더욱 경계를 엄중히 펼쳐야 한다"며 태세를 가다듬었고, 오후 9시경부터 수많은 청나라 병사들이 도주하기 시작했다고 기록했다.

그렇게 15일 밤이 지나고 일본군은 16일 새벽부터 평양의 각 성문을 공격하기 시작했다. 청군의 저항은 없었고, 오전 3시 30분 성이 함락되었음을 알리는 나팔 신호가 울렸다. 성 안쪽에 남아 있던 청병은 부상으로 움직일 수 없는 자, 도망갈 시기를 놓친 자 등 '극소수'였다고 「공간 전사」는 전한다.

비축된 식량

참으로 기묘한 전개다. 패배할 것 같지 않던 청군이 갑자기 백기를 들었다. 게다가 밤이 되자 대열을 지어 당당하게 성을 빠져나와 본국 방면으로 도주했다. 평양공방전을 「공간 전사」는 이렇게 정리한다.

평양 전투에 직접 참여한 일본군 병력은 보병, 기병, 포병, 공병 등 총인원 약 1만 2,000명, 산포 44문이었다. 이에 반해 청군 병력은 보병, 기병, 포병 등 총인원 1만 5,000명, 산포 28문, 야포 4문, 기관포 6문이었다. 이 전투로 일본군은 장교 이하 사망자 180명, 부상자 506명, 생사를 알 수 없는 하사관 이하 12명이 나왔다. 청군은 총병總兵 줘바오구이 이하 약 2천여 명이 죽었고, 일본군에 포로로 잡힌 사람이 600여 명(부상자 127명 포함)에 이르렀으며, 부상자와 실종자 수는 헤아릴 수 없을 정도로 많았다. 또한 일본군이 노획한 무기는 야포 4문, 산포 25문, 기관포 6문, 포탄 약 90여 발, 소총 1,060정, 소총탄 56만 발이었다. 이 밖에도 잡병기, 금은화 등 품목 수량은 다 열거할 수 없을 정도이다. 또한 양곡

2,900여 석, 즉 1만 5,000여 명에 해당하는 한 달 분량(이 밖에 잡곡 2,500여 석을 탈취)을 얻어 일본군은 이후 한동안 이에 의존하여 급식을 해결했다.

성 안쪽에는 식량이 풍부하게 비축되어 있었다. 덕분에 일본군의 가장 큰 고민은 해결된 셈이었지만, 생각해 보면 청군은 그 정도로 버틸 수도 있었다.

청군의 사망자가 많은 것 같지만, 대부분은 성을 빠져나간 15일 밤에 발생한 것으로 보인다. 어둠 속에서 청군을 공격한 삭령지대가 16일 아침에 확인한 상황을 「공간 전사」는 "사람과 말의 사체가 쌓여 누워 있고, 그 보초선 위에 있는 것만 계산해도 약 300여 명에 이른다. 도로 외곽의 밭에 쓰러진 자까지 합치면 거의 셀 수 없을 정도로 많다"고 기록했다. 백기를 든 뒤 사망자가 훨씬 더 많았다는 사실을 알 수 있다.

「공간 전사」는 청군이 왜 백기를 들었는지에 대해서는 언급하지 않는다. 이 때문에 "청군은 부패했다" "전의를 상실했다" 등으로 이야기되지만, 당시 전황을 살펴보면 그것만으로는 도무지 납득할 수 없다.

제5장

백기의 수수께끼

'청군의 정황'

이 불가사의한 정황을 「결정 초안」은 어떻게 설명하고 있을까?

이에 대해 반드시 언급하고 있을 것으로 생각되어 읽어보니, 「제26 장 평양 공략」에 '청군의 정황'이라는 항목을 설정해 10쪽에 걸쳐 설명한다. 전쟁이 끝난 지 120여 년 만에 처음으로 공개되는 사실이다. 조금 길지만 읽어보자.

> 평양에 주둔하는 청군의 병력은 약 1만 5,000명, 야포 32문, 기관포 6문이며, 제독 예즈차오葉志超가 총지휘관의 지위에 있으면서 직접 아산군牙山軍을 장악한다. 병력은 여러 군으로 나뉘어 봉군奉軍은 총병総兵 쬐바오구이左宝貴, 성자군盛字軍은 총병 웨이루구이衛汝貴, 의자군毅字軍은 총병 마위쿤馬玉崑, 성자련군盛字練軍은 시위侍衛 풍승아豊陞阿가 각각 예즈차오의 권한을 위임받아 지휘했다.

예즈차오는 성환 전투에서 청군을 이끌었던 장군이다. 싸우지 않고 도망쳐 패잔병과 함께 평양으로 도망쳤다. '아산군'이란 그 패잔병들을 가리키는 것으로 3,000명 규모였다. 다른 부대에 대해서는 「결정 초안」 23장에 7월 단계의 리훙장에 의한 동원계획이 실려 있다. 이에 따르면 성자군(샤오짠小站 주둔)은 6,000명, 의자군(뤼순旅順 주둔)은

2,000명, 봉군(펑톈奉天 주둔)은 3,000명, 성자련군(펑톈 주둔)은 1,500명으로 되어 있다. 각지에서 모여서 만든 병력이었다. 성환 전투에서 패배한 예즈차오가 총사령관이 된 것은 군인으로서 계급이 가장 높았기 때문일 것이다.

싸울 의지가 없는 사령관

청군이 평양에 포위되기까지의 과정에 대해 「결정 초안」은 이렇게 말한다.

9월 초순에 남쪽에서 온 일본군이 황주 지방에 이르렀고, 일부는 원산으로부터 점차 평양에 접근한다는 소식을 듣고 이들 장수는 남쪽과 동쪽으로 출격할 계획을 세웠다. 동쪽으로는 예즈차오가 직접 아산군을 이끌고 9월 7일 평양에서 출격했다. 남쪽으로는 웨이루구이가 성자군을 이끌고, 쥐바오구이가 봉군, 의자군, 성자련군의 각 일부를 이끌고 다음 날인 8일에 출발했다. 하지만 예즈차오는 도중 출격의 승산이 없다고 생각하여 자신이 인솔하던 아산군의 일부를 보리밭 부근에 머물게 하고, 주력을 이끌고 평양으로 후퇴했다. 동시에 남쪽으로 출격하던 웨이루구이와 쥐바오구이 두 장군에게 퇴각 명령을 내렸다. 이 부대도 적을 마주치지 않고 그날 즉시 발걸음을 돌려 평양으로 귀환했다. 예즈차오는 평양에 돌아와 리훙장에게 전보하여 말하기를 "평양에 왜병이 세 경로로 점점 좁혀오고 있습니다. 후방의 안주는 평양에서 170리 떨어진 요충지입니다. 현재 웨이루구이와 쭤바오구이 등은 기마병이 특히 적어 근심하고 있습니다. 그러니 최단기간에 명군銘軍 4,000명을 해로로 수송하여 안주 일대를 지원하기를 바랍니다. 이렇게 하면 평양을 지원할 수 있고, 원산의 지름길도 끊을 수 있을 것입니다. 반드시 닷새 안에 도착해야 합니다. 이를 위해 해군 딩루창丁汝昌 제독에게 명하여 대함대로 호송하게 하십시오"라고 했다. 이를 통해 알 수 있듯이 그는 당시 이미 평양이 곧 포위되어 적에게 퇴로가 단절될 것을 염려하여 안주 지방에 증원을 얻어 퇴로를 안전하게 확보하면서 결전하기를 희망했다. 그러나 명군이 과연 예정대로 움직일 수 있을지 여부가 확신이 서지 않으니, 잠시 현재의 체제로 먼저 평양에 머물며 전수 방어하기로 결심했다. 이후 보루를 증축하고 각 군의 부서를 정하여 적의 공격을 기다렸다.

일본군을 맞받아치러 한 번은 성을 나왔다. 황주는 평양에서 남쪽으로 50km 정도 떨어진 지점이다. 일본군 선봉에 나선 혼성 여단은 식량 부족에 시달려 현지에서의 징발에 의존하고 있었다. 이때 청군이 전투를 벌여 이기지 못하더라도 며칠간 전투를 벌였다면 혼성 여단은 식량이 고갈되어 태세를 유지하기가 어려웠을 것이다.

그러나 청군을 이끈 예즈차오는 싸우지 않고 평양으로 돌아갈 것을 명령했다. '승산이 없다'고 생각하게 만든 것은 '일본군이 5만 명'이라는 잘못된 정보였는지, 아니면 애초부터 싸울 의지가 없었기 때문인지는 알 수 없지만, 퇴각할 때 남겨둔 식량이 일본군을 도왔다. 리훙장에게 전보로 병사 배치를 의뢰한 안주는 평양에서 북쪽으로 향하는 길목에 있고, 바다로 접근하기 좋은 곳이다. 참고로 '170리'라고 기록했는데, 중국의 1리는 400미터 정도다.

이 행동으로 예즈차오는 더욱 위신을 잃었다.

예즈차오는 처음 아산에 있을 때 성환에 나가 적을 맞이하지 않고 혼자 자신에게 직접 딸린 수병手兵을 거느리고 천안으로 가서 팔짱 끼고 우군의 연이은 패배를 방관했다. 이런 탓에 이 무렵부터 병사들의 마음이 다소 어그러진 것은 아닌가 의심스럽다. 그리고 이제 평양 방어군의 총지휘관으로서 출격하려다가 스스로 적의 공격을 피하여 후퇴하고 마침내 그 계획을 실행하지 못했다. 그의 위신은 점점 떨어지게 되었다.

이런 상황 속에서 일본군이 평양으로 쳐들어왔다.

12일에 이르러 남쪽에서 진격하는 적은 이미 영제교에 이르러 그곳의 전초기지를 격파했다. 동쪽에서 오는 적은 다음 날인 13일에 의주 가도로 나가 평양의 후방도로를 끊고 전선을 절단하여 본국과의 교통을 완전히 단절했다. 14일에는 남쪽의 적이 장성리, 중비가 있는 의자군의 영관營官 리다촨李大川과 궈뎬방郭殿邦의 2영(1영은 약 250명)이 지키던 보루를 향해 공격해 오는 정황이었다. 같은 의자군의 치우밍리邱明礼의 1영(약 300명)이 원조를 위해 출동했지만, 동쪽과 북쪽의 적도 이날 점점 더 평양을 압박했다. 그외 대동강 하류를 건너 서쪽에서 밀려드는 적들이 있었다. 요컨대 이제 평양은 완전히 적의 포위망에 걸려 쉽지 않은 형세가 되었다. 예즈차오는 이제 평양에 있는 것은 위험하다고 판단하여 저녁에 장군들을 만나 성을 버리고 포위를 뚫고 북쪽으로 후퇴할 것을 논의했다. 그러나 총병 쭤바오구이가 이의를 제기하여 논의는 결국 이루어지지 못하고 중단되었다. 쭤바오구이는 예즈차오가 도주할 것을 우려해 자신의 친위 병사를 동원해 지키게 했다. 예즈차오의 위신은 여기까지 완전히 땅에 떨어졌고, 그의 명령은 이루어지지 않았다. 이후 전투 지휘는 장군에게 각자 맡길 수밖에 없었다. 쭤바오구이는 은연중에 총사령관의 실권을 장악하여 15일의 전투가 벌어졌다.

정면에서는 혼성 여단이, 북쪽에서는 원산지대와 삭령지대가, 대동

니시키에 「일군평양대첩지도日軍平壤大捷之図」.
평양의 견고한 성벽이 그려져 있는데, 전투가 벌어지기 전에 청군은 백기를 들었던 것 같
다.(국회도서관 소장)

강 하류에서 건너온 사단 주력부대가 서쪽에서 접근하는 단계에 이르렀다. 총사령관인 예즈차오는 평양성을 버리고 도망칠 것을 제안했다. 하지만 용장으로 알려진 쥐바오구이가 이를 거부했다. 그 결과 예즈차오는 완전히 권위를 잃었고, 평양성 안의 청군은 통제 불능의 상태로 15일의 결전을 맞이했다.

용장 쥐바오구이左宝貴의 전사

따라서 전투에서 각 지휘관은 개별적으로 움직였다. 대동강 좌안에 주둔한 의자군의 일부는 보루에 기대어 용감하게 방어했다. 일본군의 몇 번의 돌격을 격퇴하고 결국 근접을 허용하지 않았다. 또 서남 방면, 즉 성자군의 상대 적병은 약간 후퇴의 기미를 보였다. 봉군 기마대는 몇 차례 돌격했지만 모두 실패하고 거의 전멸하는 불행을 겪었다. 그사이 북방, 즉 봉군 담당 방면인 성 북쪽의 비탈진 곳의 여러 보루가 함락되었다. 이 방면의 외적 침입을 저지할 요충지인 모란대도 고군분투한 끝에 마침내 적의 수중에 들어갔다. 외성이 이미 함락된 뒤, 이제 힘에 겨워 어쩔 수 없이 무모하게 돌격을 시도했지만 매번 실패로 돌아가 사기가 서서히 꺾였다. 예즈차오와 웨이루구이는 성문 개방을 의논하기에 이르렀고, 이 전황으로 인해 이대로 가다가는 마침내 일본군 앞에 무릎을 꿇지 않을 수 없는 상황이었다. 쥐바오구이는 이제 전황이 기울었다고 판단하고 깊이 결심하기에 이르렀다. 황제가 하사한 정복을 입고 오전 11시, 스스로 보병대(인원 미상)의 선두에 서서 칠성문을 나와 기자릉에 있는 적을 향해 돌격했다. 하지만 그는 가엾게도 갑자기 병현 고지에서 날아오는 일본군의 포탄에 쓰러졌다. 부하들은 모두 흩어져 성 안쪽으로 퇴각했다. 이로부터 군사의 사기는 더욱 저하되었다. 그러나 평양성 성곽은 아직도 적의 손아귀에 들어가지 않았다. 특히 오후에 이르러서는 공격군의 예봉이 다소 느슨해져 각 방면 모두 지구전의 양상을 보였다.

포위된 청나라 군대에는 전체를 묶을 역량이 있는 총사령관이 없었다. 이런 가운데 전투를 주도한 쭤바오구이가 담당한 북방 전선이 위기에 처했다. 삭령과 원산 양 지대의 공격으로 진지를 잃었다. 이에 청국군 부대는 성을 빠져나왔고, 선두에 섰던 쭤바오구이는 일본군의 포격으로 전사했다.

그러나 평양성 성벽은 높이가 10미터, 두께는 밑부분에서만 약 7미터에 달했다. 일본군이 북방 전선에서 함락시킨 것은 외곽이었고, "성벽은 수많은 세월을 겪으며 풍화작용으로 인해 자연적으로 경도가 높아져 소총탄에 저항력이 강했고, 성벽은 야전포에 대해서도 큰 효력을 발휘했다"고 「결정 초안」은 기록했다. 성 본체는 어디도 손상되지 않았다. 하지만 청군은 쭤바오구이를 잃었다.

예즈차오와 웨이루구이 등은 싸울 의사가 없었다. 이제 쥐바오구이가 죽어 방해할 자가 없는 것을 다행으로 여기고, 성곽을 적에게 넘겨주고 군대를 이끌고 북쪽으로 달려가기로 결심했다. 즉 오후 4시 40분에 이르러 사격을 멈추고 백기를 들었다.

청군이 백기를 들게 된 내막을 알 수 있었다.

묻혀 있던 놀라운 사실

그러나 숨겨져 있던 사실은 그것만이 아니었다. 「결정 초안」에는 놀라운 사실이 묻혀 있었다. 청군이 백기를 들고 보여준 의도는 일반적으로 생각하는 항복과는 상당히 달랐다.

「결정 초안」은 이렇게 설명한다.

이때 예즈차오 등은 이른바 성문을 연다는 말의 의미를 오해했다. 성문을 연다는 것은 수비군이 항복 의사를 표명하고 난 뒤에는 공격군의 저항을 받지 않고 임의의 방향으로 철수하여 성곽을 공격군에 넘겨주는 것으로 생각했다. 문을 개방함과 동시에 수비군은 포로가 된다는 것을 알지 못했다.

백기를 든다는 것은 싸울 의사가 없음을 나타내는 것으로, 성을 내어주면 그대로 귀국할 수 있다고 생각했다는 것이다. 항복하면 무기를 버리고 포로가 된다는 사실을 애초에 몰랐다는 것이다.

「결정 초안」은 이후 전개 과정에서도 청군의 오해를 불러일으켰다고 설명한다.

> 따라서 오후 5시 이전에 감사 민병석을 통해 퇴로에 해당하는 공격군의 지휘관, 즉 원산 지대장에게 수비병이 본국으로 되돌아가야 하니 길을 열어 통과를 허락할 것을 요구했다(이때 원산 지대장은 당연히 성문을 연다는 의의에 따라 즉시 입성하여 수비병을 포로로 삼을 것을 주장할 뿐, 성문을 연다는 사실의 본의를 설명하지 않았다. 민병석의 사신과의 담판은 결국 결렬되었다). 그 사신은 성을 떠난 채로 돌아오지 않았다. 성 안쪽에서는 일본군 지휘관의 대답을 알 길이 없었지만, 사실상 일본군은 성문으로 쳐들어오지 않았다. 그리고 기자릉까지 밀고 들어온 자들은 후퇴하여 후방에 진지를 구축하는 것을 확인했다. 예즈차오 등은 일본군이 민병석의 요청을 받아들여 수비군의 길을 열게 될 것으로 생각했다.

실제로 사신이 가지고 있던 서한에는 '회국回國'이라고 적혀 있었다. 그 서한을 평양 성곽 북쪽을 공격한 원산 지대장에게 전달한 것은 바로 그곳이 본국으로 향하는 의주 가도를 따라 있었기 때문이었다. 서한을 전달한 사신은 성으로 돌아오지 않았다. 일본군이 성에 들어갈 때 길잡이로 삼기 위해 붙잡아 두었기 때문에 이 편지에 대한 일본군의 답신은 오지 않았다. 하지만 일본군은 사실상 공격을 멈췄을 뿐 아니라 후방으로 물러난 부대도 있었다. 청군은 '성문을 연다'는 뜻을 일본군이 이해한 것으로 받아들였다는 것이다.

그래서 청군은 움직이기 시작했다. 「결정 초안」에는 이렇게 적혀 있다.

　　즉 약속을 믿고 내일 아침까지 수비군을 철수하여 성곽을 비우고 일본군에 이를 건네주기를 원하여 이날 밤 9시경부터 철수하기 시작했다. 즉 주력부대는 원산지대가 있는 의주 가도 방면으로 나가고, 일부는 사단 주력부대가 있는 증산 가도와 강서 가도 방면을 따라 나아갔다.

다음 날 아침까지 성을 비우겠다는 약속을 이행하기 위해 청군은 성을 떠났다는 것이다. 결코 도주한 것도 아니고, 일본군을 속이려고 한 것도 아니었다.

임의 철수

일본군으로서는 전혀 예상치 못한 상황이었다. 이후 상황에 대해 「결정 초안」은 이렇게 기술했다.

여기에 또 일본군 지휘관은 성문의 개방과 함께 적의 수비병을 포로로 잡아야 한다고 믿었다. 임의 철수를 허락하는 것은 꿈에도 생각하지 않았다. 일본군은 수비병이 성 밖으로 나오자 그들이 낮에는 백기를 들고 공격자를 속여 경계를 늦추고, 밤에는 포위망을 뚫고 탈출을 꾀하는 것으로 인식했다. 그들은 별도 협상도 하지 않고 바로 청군 부대를 향해 사격을 개시해 한바탕 소란을 일으키기에 이르렀다.

이때 청군 부대 중 다소 저항의 행동을 보이는 병사가 없지는 않았다. 즉, 공격군의 지휘관 등은 적들이 낮에 백기를 들고 공격자를 속이고 밤을 틈타 탈주를 도모하는 것으로 믿었지만, 그것은 어쩔 수 없는 일이었다.

그러나 이것으로 당장 청군 목적이 탈주라고 단언할 수는 없다. 왜냐하면 이런 급박한 상황에서 사기가 저하된 1만 5,000명의 병사들을 향해 수장의 뜻을 잘 전달하고, 더구나 밤중에 그 일거수일투족을 돌보는 것은 군기가 확립된 군대에서도 어려운 일인데, 군기가 문란한 청군에 바라는 일이 어찌 가능했겠는가.

청군의 사정이 이랬기에 퇴로에 있는 혼성 제9여단 방면은 시간별로 따로 언급할 필요가 없다. 삭령지대 방면에서는 의주 가도에서 총성이 약간 격렬하게 울려 퍼질 때, 포병 중대가 제3보루 서쪽 진지에서 포탄을 발사할 준비에 들어갔고, 도미다富田 대대는 방어선 위에 참호를 쌓고 길을 잃은 소수의 적군을 포획 사살하는 것에 머물렀다.

백기를 든 청군의 의도는 '임의 철수'였다. 백기는 거짓이었다. 일본군이 속았다고 생각하는 것은 당연하지만 청군에 그런 의도는 없었다고 「결정 초안」은 이렇게 설명한다.

15일 밤 청일 양국 군의 충돌은 일종의 기이한 전투라고 할 수 있다. 왜냐하면 청군에서는 비록 하급 지휘관들이 잘못하여 전투 의지가 있는 자가 있더라도 그 수장은 이미 적에게 저항할 의사가 없었기 때문이다. 군대는 나팔을 불고 거의 무방비 상태로 행군 행렬을 이루어 대로를 따라 적의 전초기지에 접근했다. 다른 한편 일본군은 이들이 습격하는 것으로 받아들여 30~40미터에 접근하기를 기다렸다가 불시에 맹렬한 사격을 가했다.

그래서 청군 종대 중 도주할 수 있는 병사는 종대의 후방에 속한 자들뿐이었고, 선두는 대부분 죽거나 다쳤다. 특히 의주 가도에 위치한 보병 제18연대 제2대대와 제3대대의 각 중대는 수시로 예리한 창을 휘두르며 돌진하여 백날의 칼날 아래 쓰러지는 청병도 적지 않았다. 즉, 평양성 전투에서 청군의 사상자는 이때 발생한 것이 대부분을 차지했다. 요컨대 이 전투는 양 군 지휘관의 의사가 서로 맞지 않아 잘못 충돌한 것 외에 달리 설명할 길이 없다. 하지만 그 죄는 결국 청군 장군 등이 전시공법戰時公法을 잘 이해하지 못해 성문을 연다는 것의 본의를 알지 못했기 때문이라고 할 수밖에 없다. 안타까운 일이 아닐 수 없다.

평양공방전의 실체와 그 뒷이야기가 드러나고 있다. 이해할 수 없었던 결말도 「결정 초안」의 설명을 읽으면 납득할 수 있다. 아편전쟁과 태평천국의 난을 겪으며 기존의 군사 조직이 작동하지 않음을 뼈저리게 느낀 청나라 정부는 새로운 군대 건설을 추진했다. 만국공법도 발 빠르게 번역했다. 평양에 파견된 병사들은 그렇게 조직된 새로운 군대였을 것이다. 무기만 보더라도 일본군이 운반의 제약으로 소형 산포인 반면, 청군은 위력이 큰 야포가 주를 이루며 기관포까지 갖추고 있었다.

하지만 근대적인 군대와는 너무 거리가 먼 것이 현실이었던 것 같다. 무엇보다 새로운 군대에 걸맞은 인재가 양성되지 않은 것이 분명했고, 나라를 위해 싸운다는 의식과 의욕이 부족했다. 정보 수집 능력도 부족했고, 일본군의 병력도 과대평가했다. 원산에 증원된 일본군이 넘쳐난다는 정보도 있었지만, 이는 식량 부족으로 노즈 사단장이 머물게 한 부대를 가리키는 것이었다. 이런 불확실한 정보를 바탕으로 일본군의 병력을 5만 명, 7만 명으로 상정하고 '적의 병력은 몇 배나 많다'는 이미지를 증폭시켜 겁을 먹고 '도저히 이길 수 없다'는 선입견을 품었을 것이다.

청군의 패인 분석

「결정 초안」은 평양의 공방을 총괄하며 이렇게 기록한다.

　　평양의 포위 공격은 보통의 포위 공격과 달랐다. 공격자는 식량에 궁핍했고, 수비자는 우세했다. 생각건대 만일 청군이 처음부터 평양성 안에서 전수 방어의 자세를 취하거나, 또는 제일선을 잃은 뒤 늦게나마 굳건히 이에 의지하여 성문을 열겠다는 뜻을 품지 않았다면, 야포도 하나 없는 일본군이 이삼일 내로 쉽게 공략할 수 없었을 것이다. 과연 그랬다면 일본군의 평양 공격 시도는 결국 스스로 굶주림에 빠지는 불행으로 귀결되었을 것이다. 이로써 이제 일본군의 커다란 행운을 축하함과 동시에 쓰러져 간 청나라 용병의 마음도 애석해하지 않을 수 없다. 왜냐하면 청군은 9월 8일 이래로 전수 방어를 결심했음에도 불구하고, 그 조치는 결심을 뒤따르지 못했기 때문이다. 견고한 성벽, 즉 적의 산포로는 도저히 공략할 수 없는 성곽을 지키면서 지원부대의 파병을 기다리지 않았다. 반대로 처음부터 주력부대를 성 밖에 배치하여 비교적 연약한 방호선을 구축했을 뿐이다. 하루아침에 이 방호선을 잃은 뒤 퇴각하여 이 성곽을 활용하지 않고 반나절 만에 공격받아 결국 이를 버리고 떠났다. 그러나 나중에 들으니 성자군은 무질서하여 성 안쪽 민가가 밀집한 곳에 두어서는 안 되었다. 또 듣건대 청군은 통괄이 부족했다. 여러 장수는 의논하지 않았고, 각 부대도 서로 돕지 않았다. 그 진퇴는 대부분 자기 이익을 계산해서 이루어졌다. 더욱이 단결된 정신의 결속은 그 수장의 덕망으로 인해 결코 구태를 벗어나지 못했다. 사람이 있으면 존재하고, 사람이 없으면 슬퍼한다. 총병 쮜바오구이의 죽음은 곧 봉군의 죽음과도 같았다. 이미 이와 같은 폐해가 있는데 어찌 단순히 전술적 논의만으로 평양 방어의 흔적을 평가할 수 있겠는가. 아, 청나라 군대가 평양을 잃은

'평양병참부'.
쌓인 가마니가 보인다.
청국군이 남긴
식량으로 일본군은
굶주림을 면할 수
있었다.
(국회도서관 소장
「일청전쟁사진첩」)

것은 단지 평양을 잃은 게 아니다. 그 원인은 멀리 본국에서 편제를 잘못하고 군기를 엄숙히 하지 않은 것에 있다고 할 수 있지 않을까.

식량만이 아니었다. 일본군은 무기도 부족했고, 가지고 있는 것은 분해해서 운반할 수 있는 산포뿐이었다. 위력이 큰 야포가 없어 견고한 평양성에 청군이 계속 주둔했다면 쉽게 공략할 수 있는 상황이 아니었다. 간신히 평양까지 도달했지만, 일본군이 전투 태세를 유지할 수 있는 시간은 하루 이틀에 불과했다. 노즈 사단장이 명령한 공격은 굶주림으로 인해 패배 가능성이 매우 농후한 무모한 작전이었다. 그러나 청군은 실수를 반복해 자멸했다고 「결정 초안」은 분석하고, 그 원인을 군대 편제와 해이한 군기로까지 거슬러 언급했다.

한문 훈독체로 일관된 「결정 초안」 중에서도 격조 높은 한 구절이다. 심혈을 기울여 고심에 고심을 거듭한 것임을 짐작할 수 있다.

'원서 없음'

일본이 쉽게 승리한 것으로 알려진 평양의 공방전이었지만, 숨겨져 있던 실상, 특히 청군의 내막은 놀라움이었다. 일본군에는 아슬아슬한 승리였다. 더 정확히 말하면 일본군이 이겼다기보다는 청군이 어이없이 졌다는 게 더 정확한 표현이다.

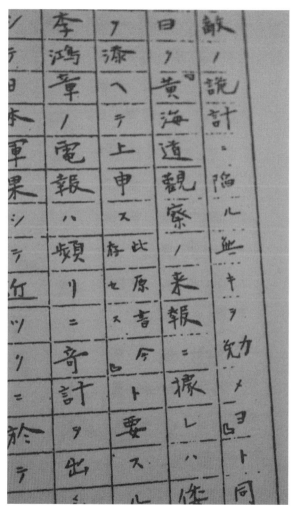

「결정 초안」에 각주로 "현재 원서는 존재하지 않음"이라는 글이 보인다.

관심을 끄는 것은 「결정 초안」에 상세히 기록된 청군의 내부 사정을 「결정 초안」은 무엇을 근거로 서술했는가 하는 점이다. 안타깝게도 남아 있는 「결정 초안」 중에 이에 대한 설명은 어디서도 찾아볼 수 없었다. 사료가 모두 존재한다면 어딘가 설명이 있을 것 같다는 생각이 든다. 그래도 청나라 측 자료를 상당히 꼼꼼하게 수집하고 해독했을 것이라는 점은 원고의 여기저기서 느껴진다.

9월 4일 청나라 측의 동향으로 다음 기록이 있다.

4일 리훙장은 다시 예즈차오와 다른 장수들에게 전보를 보냈다. 그 내용은 "원산 영사 우중셴吳仲賢이 돌아오는 길에 나가사키에서 듣건대, 일본이 7만 대군을 이끌고 우리와 결전을 벌이려 한다고 한다. 또한 각국이 일본 조정의 의중을 자세히 살펴보건대 2~3주 안에 전력을 다해 평양을 격멸할 것이며, 아산처럼 하려 한다고 전한다. 내가 소집하고 있는 각 진영은 당장 모이기 어렵다. 바라건대 제군들이여 현재 병력의 힘을 다하여 같은 마음으로 분발하고 기지를 발휘하여 승리를 쟁취하라. 적의 간사한 꾀에 빠지지 않도록 주의하라"는 것이다. 같은 날 또 평양감사 민병석이 쭤바오구이에게 아뢰기를, "황해도 관찰사의 보고에 따르면, 일본 조정이 지금 내일 중으로 황주에 도착할 것 같으니 이에 원서를 첨부하여 상신한다(현재 원서는 존재하지 않음)"고 했다. 요컨대 이들 제보는 모두 일본군의 접근이 임박했음을 알려주며, 리훙장의 전보는 줄곧 기지를 발휘해 적을 격퇴할 것을 권유한다.

각주로 "현재 원서는 존재하지 않음"이라고 적혀 있는 것은 자료 탐색의 흔적일 것이다. 무기를 비롯해 금은화폐 등을 그대로 두고 평양성을 빠져나간 정황으로 미루어 볼 때, 리훙장의 전보와 같은 기록과 문서도 청군은 처분하지 않고 평양성 안에 남겨두었을 것이다.

게다가 황해도 관찰사로부터의 정보는 들은 쪽인 쭤바오구이가 전사했기 때문에 다른 전달자인 평양감사 민병석의 말에 의한 것으로 볼 수 있다.

이 장면에 평양감사로 등장하는 민병석은 청나라군의 '항복'의 뜻을 전한 편지의 발신자였다. 감사란 관찰사를 의미하며, 평양감사는 '평양의 감사', 즉 도지사에 해당하는 평안도 관찰사의 별칭이었다. 평양 관찰사는 오늘날로 치면 평양시장에 해당하는 평양부윤을 겸임하는 것은 물론 사법권, 경찰권, 징세권, 도의 군대 지휘권까지 쥐고 있는 지역 최고 권력자였다.

민병석은 일본군이 서울 왕궁을 공격해 추방한 민비 측 정권의 일원이었다. 민씨 가문에서는 방계 출신이었지만 어린 나이에 과거에 합격해 두각을 나타냈고, 당시 30대 중반이었지만 민씨 가문의 전철을 밟아 가혹한 수탈로 민중의 원한을 샀다. 「결정 초안」에는 평양을 향해 북상하는 일본군을 공격하는 청군에 조선 병사가 섞여 있었다고 기록되어 있는데, 민병석이 자신의 휘하 병력을 동원한 것이었다. 청군의 힘에 의지해 권력과 생명을 유지하려 했던 것 같다. 그런 입장의 민병석을 평양을 점령한 일본군이 가장 먼저 심문했을 것임을 쉽게 짐작할 수 있다.

'미상未詳'과 '불상不詳'

청국 측에 대한 정보에서도 알 수 없는 것은 알 수 없다고 명시한 것이 「결정 초안」의 특징이다.

지금까지 소개한 내용 중 쥐바오구이가 전사한 장면에는 "스스로 보병대(인원 미상)의 선두에 서서"라고 기록했다. 이 외에도 청군의 진용을 나타내는데 "봉군 기마대 1영 20기, 영명營名과 영관營官 미상"이라고 적었고, 청군의 병참망 설명에는 "구련성에는 양대糧台(병참감부에 해당)를 두고, 구련성, 의주, 선천, 정주, 또는 정주와 평양 사이(지점 미상)에 각각 하나의 전운국轉運局을 두며", "선천, 평양 사이에는 성자군, 의자군이 이를 분담한다(경계는 미상)"라고 기록했다. 평양의 후방로 확보를 위한 병력을 실은 배에 대한 설명은 "초상국招商局의 4척, 도남図南(938톤), 해정海定(1,099톤), 진동鎮東(톤수 미상), 신유新裕(1,039톤)와 소기선 리운利運(1,080톤)에 실었다"고 기록했다.

산재한 '미상'이나 '불상'이라는 글자 뒤에는 나름대로의 탐색과 조사가 있었고, 그럼에도 파악하지 못했다는 뜻이 담겼을 것이다.

평양에 남겨진 군사 관련 자료라고 하면 떠오르는 것은 20세기 중반에 있었던 한국전쟁이다. 인천상륙작전으로 시작된 유엔군의 반격에 북한군은 순식간에 평양을 내주고 북쪽으로 패퇴했다. 그곳에 남겨진 방대한 자료를 미군은 압수해 본국으로 가져갔다. 주목받지 못했던 이 조선어 자료를 저널리스트 하기하라 료萩原遼가 미국으로 건너가 해독하여 1990년대에 세상에 내놓았다. 한국전쟁의 개전을 둘러싸고 이전까지 여러 주장과 견해가 있었으나, 하기하라의 연구를 통해 전쟁은 북한이 계획적으로 일으킨 것임이 밝혀졌다. 역사를 둘러싼 획기적인 조사 보도였다.

하기하라보다 거의 1세기 앞서 일본 육군 내부에서도 비슷한 작업이 진행되었다. 도쿄의 참모본부에는 리홍장의 전보 등 평양에서 압수한 청국 측의 기록과 문서, 심문에서 얻은 증언 등이 모아져 있었을 것이다. 청군은 어떤 체제, 세력이었는지, 어떤 작전을 펼쳤는지, 지휘계통은 어땠는지, 일본군을 어떻게 인식하고 있었을까. 전쟁사를 정리하기 위해 그런 것들을 열심히 분석, 연구했을 것이다.

어쨌든 「결정 초안」은 리홍장의 머릿속 이미지까지 파악하고 있었다. 그만큼 확실한 자료를 쥐고 있었다고 보아도 틀림없을 것이다.

청일전쟁의 이미지

청일전쟁은 오늘날의 일본인에게 너무 먼 존재다. 자세한 내용을 아는 사람이 거의 없다.

그 전쟁이 어떻게 인식되어 왔는지 확인해 보자.

군제사학자 마쓰시타 요시오松下芳男는 "청일전쟁의 육상전은 그야말로 연전연승이었다. 동양의 노老대국 청나라에 대한 이런 연승은 애당초 세계가 예상하지 못한 일이었다"고 말했다. 그의 저서『근대일본전쟁사近代日本戦争史』에서는 "9월 15일 평양에서 청일 양군의 결전이 벌어졌는데, 진지에 진을 치고 있는 적을 공격하기에는 병력이 현저히 부족했음에도 불구하고 일본군은 과감한 공격으로 청군을 패배시키고 거의 손해를 입지 않고 평양을 점령했다. 개전 전의 불안과 공포는 사라지고 국민의 의욕은 하늘을 찌를 듯했다"고 말했다.

마쓰시타는 육군사관학교 출신 육군 장교였다. 무정부주의자 오스기 사카에大杉栄와의 친분이 문제를 일으켜 육군을 그만두고 군사제도사 연구에 몰두해 권위자가 되었다.『근대일본전쟁사』를 간행한 동대경제간담회同台経済懇話会는 육군사관학교 출신 경제인들의 모임이다. 창립 20주년 기념사업으로 세지마 류조瀬島龍三 간행위원장을 중심으로『근대일본전쟁사』의 편찬을 진행했고, 1990년에 완성했다.

전쟁사에 대한 교육을 받고 일반 일본인보다 상세한 지식을 가지고 있었을 사람들의 인식이며, 일본인이 가지고 있는 이미지의 큰 틀을 보여주는 것 같다.

지금까지의 작업을 통해 그런 인식은 「공간 전사」에 부합하는 것임을 알 수 있다. 그러나 「결정 초안」이 기록한 전쟁의 실상은 상당히 달랐다는 것을 확인할 수 있다. '연전연승'이나 '과감한 공격으로 패배시켰다' 등으로 간단하게 정리할 수 있는 전쟁은 아니었다.

부장회의 의사록

「공간 전사」와 「결정 초안」의 괴리가 왜 생겨났는지를 알려주는 자료도 발견되었다.

방위청 전사부에 근무했던 이가라시 겐이치로五十嵐憲一郎가 2002년에 발표한 「일청전사 제1권 제2편 진달進達에 관해 부장회의에 일언一言한다」라는 제목으로, 1903년 7월 1일 참모본부에서 열린 회의의 의사록이다.

후쿠시마 현립도서관에 남아 있던 「제1초안」의 제1책에는 '1902년 9월 25일 탈고, 10월 2일 정정, 10월 28일 정서淨書, 1903년 6월 상관 수정'이라고 기록되어 있다. 「결정 초안」을 다시 쓴 「제1초안」이 만들어졌기 때문에 그것을 평가하거나 또는 평가 결과를 밝힌 회의였다고 볼 수 있다.

그 평가는 항목별로 8개 항목이다. 회의의 시작은 "제1종 초안은 사실의 진상을 가감 없이 직필하여 육군 용병가의 연구 자료로 제공함과 동시에 군사적 소양 없이 동양의 지형 사정에 정통하지 않더라도 전쟁의 경과를 이해하는 데 목숨을 건다"로 시작된다. 그리고 「결정 초안」을 이렇게 비판한다.

앞항의 취지에 따라 전쟁 원인의 서술에서 군아軍衙는 일찍이 병력으로 일을 결정했고, 내각은 일부러 피동적인 입장에 서서 칼 끝을 드러내지 않으려 힘써 항상 군아의 기선 조치를 억제했다. 개전 초기에 우리 군의 행동으로 엄청난 불이익을 당했다고 말한다. 일일이 예증을 제시하거나 또는 한성을 포위하여 한국 조정을 위협한 경위를 상세히 서술하여 불멸의 쾌거로 삼았다. 우리 군이 아산을 정중하게 공격한 업적을 기록하면서 암암리에 용병의 난잡함을 서술했다. 부산 상륙과 전진 계획의 동요를 서술하여 은밀하게 출정 장수의 무모함을 많이 풍자했다. 비록 어느 정도는 후세에게 교훈을 남길 필요가 있겠지만, 내각과 대본영은 오로지 예지叡旨를 받드는 기관이다. 외교적 교섭을 통해 성의聖意를 다하지 않고 처음부터 전쟁에 호소할 수 있는 것이라면 마치 개전 전의 내부 이견을 말하는 것은 문무를 통일하는 대권大權을 의심하게 하는 일이다. 특히 선전포고의 조칙과 모순되는 의심이 있다. 그 밖에 결과를 얻지 못한 행동, 실행하지 못한 계획을 비판하지만, 실제로 이를 증명할 만한 옳고 그름의 결과 없이 그저 헛소리를 늘어놓는 것에 지나지 않는다.

왕궁 공격도, 아산의 청군과의 전투 내용도, 부산항에서의 혼란도, 그 이후의 무모한 행군도 모두 불필요한 서술로 치부한다. 이어 구체적으로 어떻게 해야 할지 그 방침도 제시한다.

> 개찬전사改纂戰史에서 우리 정부는 항상 평화로 일관하려 했으나, 청나라는 우리나라의 이권을 생각하지 않았다. 설령 칼에 피를 묻혀도 감히 그 뜻을 이루지 못했고, 그들이 먼저 우리에게 항적抗敵 행위를 드러냈다. 우리가 마침내 이에 응하지 않을 수 없게 되었음을 발단 삼아, 성과를 낼 수 없는 행동은 되도록 생략했다. 오로지 작전 및 직접 작전에 관계되는 사건을 위주로 하고, 급식, 보급, 수송, 통신 등의 세부 사항은 각 부문을 나누어 전사의 끝부분에 부가 설명하고자 한다.

일본은 평화를 원했지만, 호전적인 청나라로 인해 어쩔 수 없이 전쟁이 되었다는 점을 강조할 것, 실패한 군사행동은 기록하지 말 것, 직접 작전에 관한 것 외에는 맨 뒤에 덧붙이면 된다는 지시였다.

더욱이 "전시 편제표를 내걸고 일일이 전보, 훈령, 명령, 군대 구분, 판단, 결심 등을 싣는 것"도 불필요하다고 지시한다. "소양 없는 독자가 이를 알아야 할 필요성이 극히 희박하다"고 그 이유를 밝히고, "병력은 전술단위로 계산하고, 용병상의 구획은 필요에 따라 그 요령을 기재하는 정도로 한다"는 게재 기준도 제시한다. 이 밖에 간결한 설명을 위해 소부대 지휘관의 이름은 생략하고, 해군의 행동은 개요만 적시하도록 지시했다.

「결정 초안」에서 「공간 전사」로의 고쳐쓰기가 이런 방침과 기준에 따라 진행되었다는 것은 지금까지 살펴본 결과에서도 분명하게 알 수 있을 것이다.

제6장

『일러전사日露戰史』의 편찬

쓰지 말아야 할 15가지 항목

일본 육군이 처음으로 시도한 정사 『일청전사』의 편찬 과정을 살펴보았다. 여기서 결정된 편집 방침은 이후 어떤 영향을 미쳤을까?

시바 료타로司馬遼太郎가 강하게 비판한 『일러전사』 편찬과 관련된 참모본부 내부 자료도 확인되었다. 그것은 「결정 초안」을 공개한 나카쓰카 아키라가 후쿠시마 현립도서관의 '사토 문고'에서 찾아낸 「일러전사 편찬강령日露戰史編纂綱領」으로, 러일전쟁이 끝난 다음 해인 1906년에 참모총장 오야마 이와오大山巖의 이름으로 간행한 것이다.

흥미로운 것은 그중 「일러전사 편찬에 관한 주의」라는 제목의 문서다. 무엇을 써서는 안 되는지를 15개 항목에 걸쳐 구체적으로 제시한다.

①은 '동원 또는 신편성 완결일'이다. 전투 준비에 얼마나 많은 일수가 필요한지 알려주기 때문이라는 이유를 밝힌다.

이하 ②는 '각 부대의 의지 충돌과 유사한 것'이라고 되어 있어 의견 대립의 종류를 가리키는 것 같다. ③은 '군대 또는 개인의 비겁함, 실책에 준하는 것'으로 우리 군의 가치를 떨어뜨려 후일의 교육에 해를 끼친다고 한다. ④는 '병참 직접 방어와 수송력에 관한 것', ⑤는 '특수부대 세부 편성'이다.

⑥은 '우리 군의 전진 또는 추격의 신속 내지 충분하지 못한 이유'로 "후일 전쟁의 예증으로 삼기에 바람직하지 않은 것으로 다소 우리

군의 단점을 드러낼 염려가 있기 때문이다. 설령 그것이 사실이라 할지라도 우리 군의 전투력 소모나 탄약 부족 같은 것을 결코 드러내서는 안 된다"고 설명한다.

⑦의 '탄약 수송에 관한 것과 이것이 전투에 영향을 미치는 사실'과 ⑧의 '보급 부족'에서는 "우리 군의 준비 부족을 드러내는 것은 바람직하지 않기 때문"이라 설명한다. ⑨는 '인부, 말, 탄약과 물자 보충과 새로운 부대 편성 등의 사정', ⑩은 '연구할 가치가 있는 특수 전투법'이다.

⑪은 '국제법 위반 또는 외교에 영향을 미칠 우려가 있는 기사'로 "포로 토착민 학대 또는 중립 침해로 오인될 수 있는 것, 또는 당국자가 부인하는 마적 사용에 관한 기사처럼 종종 논란을 불러일으키기 쉬우며, 나아가 국교에 영향을 미치거나 우리 군의 가치를 감소시킬 우려가 있기 때문"이라고 되어 있다.

⑫는 '고등사령부 막료의 집무에 관한 진상', ⑬은 '장래의 작전에 관계될 우려가 있는 것', ⑭는 지도의 취급으로 '필요한 부분만' 기재하라고 지시한다. ⑮는 해군에 관한 것으로 "반드시 사전에 해군 당국자의 의견을 물어 승낙을 얻어야 한다"고 규정한다.

청일전쟁사 편찬의 경험을 계승하고 있음이 분명하다.

청일전쟁사 개정을 명령한 참모본부 부장회의도, 러일전쟁사 편찬 방침을 정한 이 문서도 지시를 내린 사람은 오시마 겐이치大島健一였다. 야마가타 아리토모의 측근으로 청일전쟁에는 야마가타의 부관으로 참전했다. 1902년 전쟁사 편찬을 담당하는 참모본부 제4부장이 되었고, 6년간 그 직책을 맡았다. 이후에도 총무부장, 참모차장 등 1914년까지 참모본부의 요직을 두루 거쳤으며, 이후 육군차관, 육군장관으로 승승장구했다.

1919년 군 생활을 마친 뒤 귀족원 의원과 추밀고문관으로 대우를 받았으며, 육군성이 메이지 천황의 전기 사료로 『메이지군사사明治軍事史』(전 35권, 1927년 완성)를 편찬할 때 교열자로서 실질적 책임자를 맡았다. 제2차 세계대전 패전 2년 뒤 88세의 나이로 세상을 떠났지만, 그동안 육군의 전쟁사를 둘러싼 최고 권위자라 할 수 있는 존재였다.

오시마의 경력을 추적하는 것만으로도 그가 편찬한 전쟁사에 대해 육군 내부에서 이의를 제기하려면 상당한 각오가 필요했으리라는 생각이 든다.

『일청전사 강구록日清戰史講究録』은 그런 당시 육군의 분위기를 잘 보여주는 한 권의 책이다. 1906년 육군대학교에서 진행된 강의록으로, 저자인 혼다 진빠치譽田其八 대좌는 육군대학교 교관으로 「공간전사」 편찬에 관여한 것으로 알려져 있다.

이 강의록의 놀라운 점은 구체적인 군사 활동 설명이 '펑텐성 동남부 작전'으로 시작한다는 점이다. 한반도 단계의 전투는 '총론'에서만 언급되어 있을 뿐, 청일전쟁은 마치 처음부터 중국 만주에서 시작한 것처럼 체제를 갖추고 있다. 「결정 초안」이 열심히 기록한 성환 전투도, 평양공방전도, 더구나 그동안의 고난의 행군도 없었던 것으로 되어 있다.

「공간 전사」의 틀 안에서의 수업이었을 텐데, 그런 전사를 바탕으로 학생들은 어떤 전술과 교훈을 배울 수 있었을까? 나 같은 아마추어도 고개를 갸웃거릴 정도이니 의문을 품은 군인들이 적지 않았을 것이다.

다니 히사오谷寿夫의『기밀 일러전사機密日露戦史』

『기밀 일러전사』를 남긴 다니 히사오는 분명 의문을 품은 사람 중 하나였다.

라바울Rabaul의 군사령관으로 알려진 이마무라 히토시今村均 육군대장은 회고록에 다니가『기밀 일러전사』를 저술한 동기와 경위를 기록했다.

이마무라가 소좌로 참모본부에 근무하며 우에하라 유사쿠上原勇作 원수의 보좌관 부관을 맡고 있을 때, 대좌이자 육군대학교의 병학 교관이었던 다니가 찾아왔다. 이마무라는 메이지 천황이 사망한 지 11년이 지났을 때였다고 회상하지만, 다니가 육군대학교 교관으로 근무한 것은 1924년부터 3년간이었다. 두 사람은 한때 런던에서 함께 근무한 적이 있는 사이였다.

다니는 이마무라에게 이렇게 말했다.

나는 지금 3학년 학생들에게 러일전쟁사를 강의한다. 자세히 연구하면 할수록 참모본부에서 내놓는 전쟁사는 겉으로 드러난 사실만 적혀 있고, 어떤 경위, 어떤 상황에서 이런 결과가 나왔는지 알려주는 내용은 적다. 당시 전장 심리에 의해 이루어진 사실을 겉으로 보기 좋게, 합리적으로 보이도록 꾸며진 전쟁사로부터는 군 통수권자의 틀은 기억할 수 있지만, 그 정신을 배울 수는 없다. 나는 앞으로 평생의 사업으로 진실을 규명하는 러일전쟁사를 만들어 육군에 남기고 싶다는 생각을 갖고 있다. 그래서 당시 진실을 알고 있는 노장군들을 찾아다니며 가르침을 구하고 있지만, 남에게 폐를 끼치거나 불명예를 안겨주는 게 꺼려진다. 그래서 매우 번거롭고 힘들다. 한 가지 바람은 먼저 우에하라 원수에게 진실을 말해달라고 부탁하고, "원수조차도 이렇게까지 진실을 털어놓는다"고 하면 다른 장군들도 차츰 입을 열게 되지 않을까 싶다.

러일전쟁 당시 우에하라는 제4군 참모총장이었다. 노기가 이끈 것은 제3군이었다. 육군대학교는 참모와 지휘관 양성을 목표로 하는 대학교로 3년제였다.

이마무라가 우에하라 원수에게 이 사실을 알리자, 우에하라 원수는 "좋은 생각이다. 진실은 군과 사단의 기밀 작전일지에 기록해 두도록 규정되어 있지만, 여기에도 쓰는 것을 주저한다는 뒷얘기가 있다. 십여 년이 지나면 러일전쟁 당시 사단장 이상의 요직에 있던 사람들은 대부분 세상을 떠날 것이다. 공표할 것이 아니라 빨리 손을 써야 한다. 다니 대좌에게 '우에하라는 대찬성이다. 언제든 와서 말해도 관계없다'고 전하라"며 흔쾌히 승낙했다.

다니 대좌가 또 다른 날 찾아왔다. 곤경에 처했다고 털어놓으며 이마무라에게 이렇게 부탁했다.

지금 마침 뤼순 요새 공략 작전을 조사한다. 그 작전의 진실과 노기 장군의 원수로서의 진가에 대해 많이 생각하게 되는 부분이 있다.

뤼순 공략은 좀처럼 계획대로 진행되지 않았고, 몇 차례의 총공격에도 피해만 많이 입고 원점으로 되돌아가야 했기 때문에 대본영과 만주군 총사령부의 고민은 이만저만이 아니었다. 특히 해군은 러시아 발틱 함대의 동진에 자극받아 조속한 공략을 요구하기 시작했다. 마침내 칙어까지 내려져 군의 요새 공략 작전을 독촉하기에 이르렀다.

노기 장군의 마음에는 메이지 폐하가, 그리고 일본 전 국민이 뤼순의 전황을 얼마나 염려하고 있는지가 남들보다 몇 배나 더 절실하게 느껴졌고, 특히 총공격 때마다 적의 포대, 보루 앞에 쓰러지는 부하 장병들의 시체가 쌓여가는 것을 보면 마음이 크게 아파 마침내 불면증에 걸려 신경쇠약에 빠졌다. 대본영에서도, 총사령부에서도 "노기 장군이 건강을 잃어 모든 것을 이지치伊知地 참모총장에게 맡기고 있다. 그래서 모든 것이 잘 안 되는 것이다. 다른 건강한 사람과 군사령관의 직책을 교체하지 않으면 요새 공략이 길어질 것"이라 말하는 사람이 많아졌다. 그러나 공략 도중에 군사령관을 교체하는 것은 일본군의 자신감을 떨어뜨리고 적의 사기를 높이는 결과를 가져온다.

결국 만주군 총참모장 고다마 겐타로児玉源太郎 장군이 오야마 총사령관을 대신해 뤼순으로 나가 제3군을 관할하게 되었다. 마침내 203고지를 점령하고 이곳에서 뤼순항을 조망하며 적 함대를 격침하고 처음으로 적의 항복을 받아내어 처참한 공방전의 막을 내리게 되었다는 것이 관련 장군들의 비화와 일치한다.

우리가 군신으로 숭배하는 노기 장군이 뤼순을 함락시킨 것이 아니라, "실제로는 고다마 장군이 공략했다"고 기술하는 것은 왠지 마음이 편치 않다. 올바른 진실은 근거가 있는 것인지, 노기 장군을 둘러싼 우에하라 원수의 관찰은 어떤지 들어보아야 한다.

이마무라는 즉시 우에하라 원수의 사저를 찾아가 이렇게 질문했다.

세간에서는 오야마 총사령관이 "고다마! 새벽부터 대포 소리가 들리는데 어느 쪽에서 싸우고 있는가?" 물었다는 이야기를 듣고, "역시 오야마는 배짱이 좋은 장군이다. 전쟁을 수행하면서도 전쟁을 모른다. 저렇게 도량이 큰 사람이었기에 전쟁에서 이긴 것"이라고 존경한다.

이와 대조적으로 노기 장군은 난전 고투로 인해 신경쇠약에 걸려서 고다마 참모총장이 오야마 원수의 명령으로 뤼순에 가서 전투를 독려하여 203고지를 점령하여 마침내 대승을 거뒀다는 이야기도 있는데, 다니 대좌는 이 점에 대해 원수의 소견을 들어보라고 말했다.

그러자 우에하라는 이렇게 대답했다.

오야마는 도량이 큰 장군이었다. 하지만 세간에 떠도는 '전쟁을 몰랐다'는 이야기는 잘못된 설이다. 우에하라처럼 모든 일에 판단을 내리지 못하는 성격과 달리, 오야마는 큰 틀에서 옳지 않다고 생각되는 것은 세세한 부분의 단점을 알면서도 묵묵히 판단을 내리는 사람이었다. 만주군 총사령부에서는 이를 좋게 봐서 오야마를 다다미방의 장식품처럼 여기고 큰 전황은 보고하지만, 일상적인 전황 등은 모두 고다마에게 맡겨두었다. 오야마도 사람이다. 출정군의 최고 책임자로서 폐하의 안위나 노부모의 생사에 대해서는 다른 사람보다 몇 배나 더 걱정하고 있는데도 막료들은 매일의 전황을 알려주지 않는다. 그 불만을 "고다마. 어느 지역에서 싸우고 있는가"라는 말로 "전황을 보고해야 한다"라는 마음을 암시한 것이다. 그 증거는 내가 제4군 참모총장으로서 총군사령부에 나가서 오야마를 만날 때마다 "군대는 전황은 어떤가" 세세하게 질문하고, "여기 참모들은 바빠서 전황을 말하지 않는 것 같다"고 몇 번이나 불만을 토로했다. 그러나 그 원수는 자기 참모들 앞에서는 불만을 표출하거나 말하지 않았기 때문에, 고다마 총참모장에게 던진 질문을 원수의 대범함을 상징하는 것처럼 이야기한 것이다. 그러니 지금 와서야 "저건 불만의 표현이었다"고 말할 필요는 없다. 그리고 노기 장군의 신경쇠약은 당시 우에하라도 듣고 있었고, 노기를 비롯한 제3군 수뇌부 몇 명을 내지로 전근시키고 다른 사람에게 뤼순을 맡기려고 한 사람이 대본영에도 총사령부에도 많았던 것은 사실이다. 아무리 포탄의 보충을 중앙에 요구해도 마음대로 보내주지 않고 "다만 빨리 수행하라"라고 재촉했다. 결국 수만 발의 육탄이 소모될 뿐 전과가 오르지 않았다. 무신경한 사람이라면 모를까, 어떤 장군이 노기를 대신해도 불면증에 시달리거나 신경쇠약에 시달릴 것이다. 역시 오야마다. 대본영과 총사령부 참모들이 노기를 교체하려는 것에 대해 전혀 귀를 기울이지 않고 끝까지 밀어붙였다. 그 난국 속에서 "제3군 장병 전원의 존경과 신뢰를 받을 수 있는 사람은 아무리 신경쇠약에 걸려도 노기 장군밖에 없다"라는 것을 오야마는 제대로 간파한 것이다. 고다마가 뤼순에 갔으니 노기 밑의 이지치 참모장도 격려받았을 것이다. 하지만 뤼순을 공략한 것은 명실상부한 노기 장군이다. 다니 대좌에게 그렇게 전해라.

그렇게 정리된 것이 『기밀 일러전사』였다고 한다.

1925년 육군대학교는 전공과를 신설했다. 육군대학교의 정규교육은 크게는 사단 규모의 부대 운영을 상정하고 있지만, 또 한편으로는 몇 개의 사단을 모아놓은 더 큰 규모의 군을 이끄는 장군이나 그런 조직의 참모장을 양성하는 것을 목표로 전국에서 선발한 소좌, 중좌 등 총 10명이 모였다. 육군대학교의 정규 과정의 학생들은 소위와 중위 중에서 선발되었다.

이 책은 당시 다니의 강의록이었다. 다니가 강의한 것은 단 1년뿐이고, 들은 사람은 단지 10명뿐인 특별한 강의였다. 이후 다니는 연대장, 사단 참모장, 국제연맹 육군 대표 등을 거쳐 1935년 구마모토의 제6사단장이 되었다. 1937년 중일전쟁이 시작되자 그 사단을 이끌고 출정해 난징 공략에 참여했다. 패전 이후에 그 책임을 물어 전범으로 중국에서 처형당했다.

강의록은 적은 부수만 인쇄되어 연구 자료로 참모본부와 육군성에 보관되었다. 그것이 발견되어 『기밀 일러전사』라는 제목으로 출판된 것은 1966년이었다.

『언덕 위의 구름』이 신문에 연재되기 시작한 것은 그로부터 2년 뒤였다. 시바 료타로가 집필의 귀중한 자료로 삼았다는 것은 읽어보면 금방 알 수 있다.

뤼순 요새의 공방전

『기밀 일러전사』는 무엇을 설파하고 지적하고 있는가? 총 20장 중 「뤼순 요새 공성 작전 지도指導의 경위」라는 제목의 제6장을 읽어보자. 강의는 이런 서두로 시작한다.

여기서 말하려는 것은 뤼순 요새 공성 작전 지도의 미묘함을 다루는 것으로, 근본적으로 작전의 정치적인 요구가 가미되어 있고, 특히 해군과의 협조가 필요한 복잡한 관계가 있다. 따라서 설명한 내용 대부분이 당시 영명했던 제3군 사령부 제관들의 명예를 훼손하는 것으로 보일까 꺼림칙하다. 따라서 강술자는 특히 당시 제3군 참모부의 입장을 고려하고 그 의견을 수렴하여 진실을 잃지 않으려 한다.

가장 먼저 검토한 것은 공격에 앞서 일본군이 뤼순에 대해 어떤 정보를 가지고 있었는가 하는 점이다. 항목별로 다음과 같이 제시한다.

제2부=조사는 주로 보병 장교들이 한 것으로, 방어는 지나支那 시대 구식 보루에 약간의 산병호散兵壕를 증축했을 뿐, 영구적인 성곽을 쌓지 않은 것으로 보인다. 지도地圖는 청일전쟁 당시의 2만 분의 1 정밀지도였으나, 방어를 위해 지형은 전혀 다른 분위기였다.

이시자카石坂 참모, 인부가 되어도 기차 창문이 닫혀서 지형을 볼 수 없었다.

나가오카長岡 차장, 2년 전에 다녀왔는데 일본인은 간첩으로 몰렸다. 그러나 20만 톤의 시멘트를 사용해 공격하기 어려운 금성탕지金城湯池라고 기억했다.

오바大庭 참모, 1903년 겨울, 하얼빈에서 돌아오는 길에 단샨지団山子를 지났다. 기차에서는 알 수 없었다.

나가오카長岡 중장에 따르면, 제5부 아가타 도쿠조鋳方德蔵 중좌는 10년 전의 고지도를 가져왔는데, 경계가 삼엄한 가운데 내부를 알 수 없다고 한다.

제2부는 참모본부에서 정보를 다루는 부서다. 뤼순이 어떤 요새인지, 구체적인 정보를 가지고 있지 않았다는 것을 보여준다. 그 배경에 대해 다니는 "당시 고다마 차장은 대울타리설竹矢来説까지 제기한 사

람이어서 처음부터 뤼순은 안중에 없었다. 제1부장 또한 그런 느낌이었다"고 설명한다.

고다마 차장은 참모차장 고다마 겐타로이다. 전쟁이 시작되고 야전군을 규합한 만주군이 설치되자 그 총참모장이 되었다. 뤼순은 공략할 필요 없이 요새에서 러시아군이 나오지 못하도록 억제하면 된다는 것이 고다마의 초기 생각이었다. 이를 위해 대울타리를 설치하면 된다고 말한 것으로 알려졌으며, '대울타리설'은 이를 가리키는 것으로 볼 수 있다. 참모본부 제1부는 작전 입안을 담당했다. 제1부장도 '대울타리설'에 가까웠으니 열심히 정보를 수집하지 않아도 이상하지 않았다.

그런데 해군이 뤼순 요새 공략을 강력히 요구한다. 뤼순항에는 러시아 해군의 태평양 함대가 머물고 있고, 멀리 유럽에서 회항하는 발틱 함대의 도착을 기다리고 있었다. 두 함대가 합치면 일본 해군은 전략적으로 열세에 놓이게 된다. 뤼순의 러시아 함대를 경계하여 많은 함선이 계속 움직이고 있고, 함선도 손상되고 있다. 해군은 발틱 함대와의 결전에 대비하기 위해서는 발틱 함대가 도착하기 두 달 전까지 뤼순항 내 함대를 격멸해야 한다고 주장했다.

해군의 뜻을 받아들여 노기 장군이 이끄는 제3군이 뤼순 요새 공략에 나섰다. 다니는 노기군의 초기 인식에 대해 "제3군이 포위망을 형성했을 때, 공성포병攻城砲兵사령부와 각 고등사령부 최고의 망원경으로 살펴보아도 지형을 교묘히 이용하여 전진 진지의 공격에 맞닥뜨린 야전 축성에 털끝만큼도 미치지 못하는 것 같았다"고 기록했다.

일본군은 청일전쟁에서도 뤼순을 공격했고, 「공간 전사」에 따르면 쉽게 공략했다고 한다. 「결정 초안」의 해당 부분이 남아 있지 않아 실체는 알 수 없지만, 성환 전투나 평양 공략을 돌이켜 보면 사전 정보도 거의 없는 상태에서 공격해 승리를 거두었을 것이다. 고군분투하거나 희생을 치렀어도 공식적인 전사에 남기지 않았으니 교훈으로 전해질 일도 없었을 것이다.

별다른 준비도 없이 가벼운 마음으로 러시아군이 지키고 있는 뤼순 요새를 공격하기 시작했다. 하지만 러시아군은 견고한 요새를 쌓고 치밀하게 기다리고 있었다. 그 결과 5만 명을 동원해 8월 19일에 시작한 제1차 총공격에서 사상자 1만 5,860명이라는 막대한 손해를 입혔다.

공간 『일러전사』에는 "방호 위의 보루 포대의 강약은 아직 정찰할 수 없지만 반룡산盤龍山 동방 보루는 다른 보루에 비해 약하지 않다. 일반적으로 철재와 콘크리트를 사용했다. 외호外濠 폭은 6미터이고, 바깥쪽 언덕에 서둘러 만든 방호벽을 갖추고 있다"라고 기록되어 있지만, 다니는 "이 기술은 전쟁 후에 만들어진 것"이라고 단언한다. 전쟁 전에는 그런 정보가 없었다는 것이다. 그 증거로 "당시 군은 공성포병의 배치조차 명령하지 않았다"고 말했다. 다니는 뤼순 공격이 심각한 준비 부족 상태에서 시작되었다고 지적했다.

전진 진지조차 아직 확보하지 못한 상태에서 성 함락 후 성문 개방 준비로 법률 전문가를 파견하고, 러시아군으로부터 노획한 무기를 처리하기 위한 요원을 파견한 사례를 소개한 뒤 "갑옷 소매가 닿자마자 점령할 수 있을 것으로 생각했을 것"이라고도 지적했다.

이후에도 공격 방식은 바뀌지 않았다. 제2차 총공격은 9월 19일에 시작되어 3,800명의 사상자를 냈다. 11월 26일부터 시작된 제3차 총공격에서도 1만 7,000명의 희생자를 냈다.

다니는 '요새 전술 연구'의 미흡함도 이렇게 언급했다.

러시아 측과 비교해 훨씬 더 유치했다. 요새 포병과 수뇌부 장교만 알았다. 공병과는 바반Barban 시대의 구식 공성법만 알았지, 폭탄 사용 등 현대식 공성법을 알지 못했다. 제1부는 보병 장교가 많아 연구가 소홀했다.

작전을 입안하는 제1부는 참모본부에서 가장 인기 있는 부서였지만 보병 출신 참모들이 중심이었고, 포병 출신이 적어 어떻게 공격해야 할지 몰랐다는 것이다. '바반'이란 요새 건설과 공략으로 유명한 프랑스의 기술 장교인 것 같은데, 찾아보니 1633년생이니 일본으로 치면 에도 시대 전기의 인물이다.

203고지의 등장

뤼순 요새 공략은 전혀 진척되지 않고 희생만 쌓여갔다. 한편 10월에 발틱 함대는 본국을 출항했다. 해군은 빠르면 연초인 1월에 일본 근해에 도착할 것으로 전망했다. 그 두 달 전에 뤼순 함대를 격멸해야 한다.

드디어 상황이 급박해졌다. 여기에 등장한 것이 바로 203고지였다. 뤼순을 둘러싸고 있는 고지대 중 하나로, 그 위에서는 뤼순항이 한눈에 들어온다. 이곳에 관측소를 설치할 수 있다면 항구에 있는 러시아 함대를 포격할 수 있다. 도쿄의 대본영에서는 203고지를 공격 목표로 삼아야 한다고 생각했지만, 현지의 노기군은 이를 따르지 않았다.

『일러전사』는 지면을 많이 할애해 이 기간을 상세히 기술한다. 제3차 총공격 첫날인 「11월 26일 정황」에만 76쪽이 할애되었다. 여기에는 "야마나카山中 소장은 이후 우右지구대가 이미 큰 피해를 입었고 잔병이 적어 돌격 공격 재기의 희망이 없음을 알았다. 이에 좌左지구대의 일부를 할당하여 이에 더해 돌격하기를 원하여 이 의도를 좌지구대장 이시하라石原 대좌에게 전했다. 대좌는 오전 0시 50분에 이 요구를 받아들여 당시 좌지구대의 피해가 컸다" 등의 서술이 계속 이어진다.

『언덕 위의 구름』의 후기에서 시바 료타로는 이 전사를 이렇게 평가했다.

극단적으로 말하면 시간적 경과와 산술적 수량만 적혀 있을 뿐, 왜 그곳에 그 병력을 내보냈는지, 내보낸 것이 좋았는지 나빴는지, 나빴다면 누가 어떤 사고 기초와 의도 또는 심리로 했는지, 악영향이 어디에 어떻게 끼쳤는지에 대한 가치론은 털끝만큼도 적혀 있지 않다. 가치론이 없는 역사 등은 단순한 활자의 나열에 불과하다. 메이지 말기부터 다이쇼 초기에 걸쳐 출판된 모든 서적 중 가장 많은 활자량을 가진 관수사서官修史書는 아무리 여러 번 읽어도 러일전쟁의 전쟁사적 본질을 조금도 알 수 없는 기이한 책이다. 메이지 이후 일본에서 발행된 최대의 어리석은 책일지도 모른다.

제3차 총공격이 실패한 것으로 드러난 11월 28일, 만주군 총사령관 오야마 이와오는 제3군을 향해 훈령을 내렸다. 훈령은 "뤼순 요새에 사활을 걸고 우리 함대는 뤼순 함대를 고려하지 않고 작전을 수행해야 할 필요성이 절실하니 더욱 분투하여 성공을 거두어야 한다"는 것이었다.

여기서야 비로소 작전 전환이 시작되었다. 다니는 "이 훈령의 목적을 달성하기 위해서는 203고지를 점령하고 이곳에 관측소를 설치하여 뤼순항을 향해 마음대로 발사하는 것 외에는 누가 보아도 명안이 없는 것이 분명하다"고 지적했다.

『언덕 위의 구름』에서는 이렇게 묘사한다.

어쨌든 노기 마레스케乃木希典는 마침내 공격 역점을 203고지에 두었다. 이는 군사령관의 독자적인 판단이었지, 그의 참모장 이지치 고스케伊地知幸介의 제안에 의한 것이 아니었다. 결정의 자리에서 이지치는 침묵을 지켰다. 그는 이 시기에 이르러서도 "저런 고지를 빼앗아 무엇을 할 것인가"라는 생각을 바꾸지 않았다. 이지치의 말을 빌리자면, "203고지 점령설을 주장하는 자는 이곳을 빼앗아 정상에 관측소를 설치하고 뤼순항 내의 적 함대를 육상포로 쏘겠다고 하는데, 설령 빼앗을 수 있다고 해도 포병의 설비를 갖추는 데는 많은 시간이 필요하다. 책상 위의 공론"이라는 것이었다. 물론 그 후 실제로 실행되자 이지치의 주장이 공론이었다는 것이 입증되었다.

아무튼 노기 마레스케는 개전 이래 처음으로 자신의 참모장의 의사를 무시했다. 노기 입장에서는 도쿄 대본영에서도, 오야마 총사령부에서도, 그리고 해군에서도 귀가 따갑도록 계속 제안된 203고지라는 열쇠 구멍에 처음으로 열쇠를 끼워 넣기로 한 것이다.

만약 이것이 처음부터 프로그램화되어 있었다면 어땠을까? 9월 19일, 이 고지가 아직 반半요새 상태이었을 때, 제1사단이 이곳을 공격하고 있었다. 물론 격퇴당했지만, 이때 조금이라도 증원군을 보냈더라면 분명 점령할 수 있었을 것이다. 절호의 기회를 노기 군사령부는 스스로 놓쳐버렸다. 이후 이 고지는 방치되었다. 그사이 뤼순의 러시아 군사령관인 스테셀Анатолий Стессель은 모든 보루 중 가장 강력한 보루를 이 고지에 쌓아 올렸다.

이렇게 203고지의 격렬한 공방전이 시작됐다. 『언덕 위의 구름』은 "이 고지의 살인 기구라는 것은 일본인의 축성술 개념을 훨씬 뛰어넘는 것이었다" "일본군의 인명 피해는 30분 단위로 한 자릿수씩 늘어날 정도로 커졌다"고 묘사한다. 이 고지를 두고 6,200명의 일본군이 목숨을 잃었다.

만주군 고다마 총참모장은 12월 1일 뤼순으로 들어가 노기를 대신해 전투를 지휘했다. 12월 5일, 일본군은 마침내 203고지를 점령했다. 이튿날인 6일, 일본군은 28센티미터 포로 포격을 시작했다. 21척의 러시아 함대 중 20척이 8일까지 파괴되었다.

'완전히 허위다'

『기밀 일러전사』에는 "이것은 구술에 그치기로 한다"고 적힌 부분이 있다. 강의에서는 말하지만, 글로는 남기지 않는다는 설명이다. 뤼순 공략에서 고다마가 내린 명령과 부대 운용의 세부 사항이 그 대상이다. 미묘한 부분까지 다 기억하고 있었을 것이다.

다니는 노기를 대신해 지휘를 맡은 고다마에 대해서는 "이 행동은 일면 지휘권에 문제가 있다. 엄밀히 말하자면 군 규율상 큰 문제가 된다. 하지만 나는 가슴속의 동정심을 제3군에 표명하고, 그 빛나는 명예에 대해서는 언급하지 않겠다. 단지 상부의 통수상의 숨은 깊은 교훈을 배우는 차원에서 감히 제군들에게 실상을 밝히는 데 그치고자 한다"고 말했다.

두 아들이 전사하고 메이지 천황이 서거할 때 순직한 노기는 '군신'으로 추앙받게 된다. 다니는 이에 대해 이렇게 언급했다.

한 가지 말해두고자 한다. '관을 덮고 나서야 비로소 결정된다'는 격언이 있는데, 노기 장군도 당시에는 오늘날 사람들이 숭배하는 그런 사령관이 아니었다. 제3차 총공격을 앞두고 이번 공격으로 뤼순이 무너지지 않으면 군 지휘관은 죽음을 결심할 것이라는 소문이 전해진 적이 있다. 그러나 그 소문은 일선 부대를 독려하거나 고무시키지는 못했다. 그것은 그저 자의 반 타의 반으로 흘려보냈을 뿐이다. 또한 오늘날까지도 장군의 두 자녀가 전사했다는 것도 일선 부대의 사기를 북돋아 준 것처럼 전해지고 있는데, 이는 전혀 사실이 아니다. 제1사단 방면에서는 모르는 일이고, 제11사단 방면에서는 당연하게 생각한 정도에 불과했다(제11사단에서는 다른 사단보다 장군을 더 잘 알고 있었다. 장군은 1900년 무렵에 제11사단장이었다).

예전에 제3군 막료가 노기 장군을 추모하며 한 말을 소개하기도 했다. 그것은 "노기 장군의 군신적 경외심은 전쟁이 끝난 후, 당시 나로서는 유감스럽기 그지없다"는 것이었다. 그의 밑에서 일할 당시에는 그다지 대단한 사람이라고 생각하지 않았다는 의미일 것이다.

뤼순을 공략하지 못하고 침울했던 노기의 모습에 대한 증언도 실려 있다. 노기는 "사흘 밤낮으로 한숨도 자지 못했다. 나는 이보다 더한 일이 없다. 뤼순의 지휘권은 적임자가 있으면 누구에게나 넘겨주겠다. 그러나 아무도 명안이 없다"고 방문한 대본영 참모에게 말했다고 한다. 바로 그 직후 고다마가 왔고, 뤼순은 곧바로 순식간에 함락되었다.

이령산爾靈山의 기억

『기밀 일러전사』가 육군 내부의 극히 제한된 영역 밖으로 나간 적은 없었던 것 같다.

한편, 엄청난 희생을 치른 러일전쟁은 일본인의 기억 속에 깊게 새겨져 있으며, 그 안에서도 203고지는 특별한 땅으로 이야기되었다. 그런 기억은 필요에 따라 소환되었다.

미국과의 전쟁에서 열세를 숨길 수 없게 된 1944년에 출간된『근대전쟁사략近代戰爭史略』은 나폴레옹 전쟁 이후 동서양의 전쟁을 소개한 책이다. 저자인 마쓰무라 슈이쓰松村秀逸는 당시 일본인이라면 누구나 알고 있는 대본영 육군 보도부장이었다. 그는 '서문'에서 이렇게 말하며 도서 간행의 목적을 밝혔다.

많은 역사가 승자 측의 곤궁한 장면은 말살하고 패자 측의 어려운 장면은 확대 재생산하는 것 같다. 하지만 사실史實은 마지막 승리에 도달하기까지 승자도 아슬아슬한 장면을 거쳐온 것이다. 싸움의 도중에 적지 않게 절망의 늪에 빠지기도 한다. 역사는 승자에게도 패자에게도 공평하게 위기를 던져주고 있지만, 다만 승자 측에서는 지도자와 국민의 의지로 파국으로 치닫지 않았을 뿐이다.

승패의 갈림길은 분명 종이 한 장 차이다. 마지막 5분간에 있다. 아군이 어려울 때 적도 더욱 곤경에 처하게 된다.

땅을 빼앗겨도 진 것이 아니고, 후퇴해도 진 것이 아니며, 진다고 생각했을 때가 진 것이다.

이 책에서는 러일전쟁에 40페이지 가까이 할애한다. 그 중심은 역시 뤼순을 둘러싼 전투다. 몇 번을 공격해도 견고한 요새를 함락시키지 못하는 고뇌를 적고, 제3차 총공격에서 노기가 총사령관 오야마에게 보고한 전보 전문을 싣고 있다.

오늘까지의 공략이 실패로 끝나게 된 것은 소관의 부족함의 소치입니다. 그러나 얼마 전 특별히 칙명을 받은 결과, 부하 각 부대는 지정된 시간에 그 목표를 향해 일제히 돌격했습니다. 이후 많은 손해를 입었음에도 불구하고 불굴의 의지로 여러 번에 걸쳐 이를 되풀이했습니다. 이룡산二龍山에 맞선 보병 제19연대(=쓰루가敦賀)는 연대장 이하 거의 전원이 전사했습니다. 동계관산東鷄冠山 북쪽 보루에 맞선 보병 제22연대(=마쓰야마松山) 역시 제3대대장 이하가 대부분 전사했습니다. 그 외 송수산松樹山과 지나성벽 등을 향하는 것도 또한 같았습니다. 특별지대는 송수산 제4포대 앞에서 의자산椅子山과 안산자산案山子山으로부터 전등 조명을 받아 세 방향에서 포격을 받고 약 두 시간 동안 분투했습니다. 부대로서의 행동은 한 치의 흐트러짐도 없고, 그 충성심과 용맹은 일본 제국군으로서 부끄럽지 않다고 믿습니다. 이 점은 특히 각하께 보고드리지 않을 수 없습니다.

하지만 어떻게 공략했는지는 간결하게 기록되어 있다.

같은 달 29일, 고다마 총참모장은 뤼순으로 급행했다. 203고지로 향한 제1사단은 적의 역습으로 인해 고전을 면치 못했고, 마침내 예비사단인 제7사단이 증원되어 고군분투 끝에 12월 5일 정오경 이를 점령했다. 즉시 우리 포병은 관측소를 이 고지에 진격시켜

28센티미터 대포로 뤼순항 내의 적 함정에 사격을 가했다.

어떻게 작전 전환이 이루어졌는지는 알 수 없다.
마쓰무라는 더 많은 행을 할애하여 이렇게 기록한다.

우리 군이 진정으로 악전고투한 203고지는 노기 장군의 유명한 시에 의해 이령산이 되었다.

爾靈山嶮豈難攀 男子功名期克難
鉄血覆山山形改 万人齊仰爾靈山
바람은 오르기가 어렵지 않으나 남자의 성공은 어렵도다
철의 피에서 산의 모양이 바뀌니 만인이 이령산을 우러르다

이 명칭을 둘러싸고 재미있는 일화가 있다.
203고지가 함락되었을 때 지리학자 시가 시게타카志賀重昂가 종군하고 있었는데, 그의 제안으로 203고지를 '뤼순 후지'로 개명하자는 제안이 있었다. 이에 대해 고다마 대장은 "그건 내가 발견했으니 '고다마 후지'다"라고 말했다고 한다. 그래서 노기 장군에게 개명 이야기를 꺼냈을 때, 장군은 시를 보여주었고 모두 이의 없이 203고지를 이령산으로 결정했다.

아무리 많은 희생을 치르더라도 그 끝에는 아름다운 시적 승리가 기다리고 있다. 그것은 전쟁사라기보다는 헤이케 이야기平家物語나 다이헤이키太平記와 같은 군담소설의 세계와도 같다.

「통속 전사通俗戰史」에 대한 비판

이렇게 편찬되고 기억된 전쟁사를 이후 제2차 대전을 치른 군인들이 어떻게 인식했는지 방위연구소 전사연구소 전사연구실장이었던 쓰카모토 다카히코塚本隆彦는 논문에서 다뤘다. 그는 "옛 군인들의 평가에는 엄격한 것이 있다. 게다가 이들의 공통점은 러일전쟁 연구(편찬)가 충분하지 않았다는 점, 그리고 그것이 패전의 원인 중 하나로 이어졌다는 인식이 대부분을 차지한다"고 지적한다.

쓰카모토는 구체적인 증언도 소개했다. 패전 당시 근위사단장이었던 모리 다케시森赳 중장은 전쟁 지속을 주장하는 반란군 장교들에게 학살당하기 전날, "러일전쟁을 진지하게 분석했더라면 태평양전쟁의 참화를 피할 수 있었을 것"이라고 말했다. 제71사단장이었던 도야마 노보루遠山登 중장은 패전 직후 진행된 인터뷰에서 "러일전쟁에서 배우지 않아 노몬한에서 참패했고, 노몬한에서 배우지 않아 대동아전쟁의 패배를 맞이했다"고 말했다.

앞서 등장한 이마무라 히토시今村均 장군은 "러일전쟁에서 그토록 위업을 이룩한 우리나라가 이후 불과 40년 만에 패전의 참패를 당한 것은 외적의 파쇄도 있지만, 그보다 더 큰 이유는 스스로 내재한 치명적인 결함 때문이 아니었을까 생각한다. 그러기 위해서는 러일전쟁의 진상 자체에 대한 조사로부터 그 근본을 재검토할 필요가 있다고 생각하지 않을 수 없다"고 1966년에 말했다. 다니 히사오가 남긴 『기밀 일러전사』가 출간된 지 반년 후의 발언이다.

불리한 사실을 은폐하고 조작해 기록된 역사. 그것이 얼마나 큰 화근을 가져왔는지 실제 싸웠던 군인들은 뼈저리게 느꼈다는 뜻일 것이다.

쓰카모토는 러일전쟁을 거치면서 참모본부의 전쟁사 편찬은 이후 더욱 공허해졌다고 지적한다. 그는 "국민교육 자료라는 역할이 중시되어 일반 국민을 독자로 상정하고 사명감과 애국심을 강조하는 이야기로서의 색채가 강해졌다"며, 육군 내에서는 「통속 전사」라고 불리게 되었다고 말한다. 앞서 소개한 마쓰무라 슈이쓰의 『근대전쟁사략』 등이 한 예일 것이다.

하지만 이런 「통속 전사」를 통해 전해진 뤼순과 러일전쟁을 둘러싼 전투와 희생의 이야기는 일본인의 기억에 깊게 새겨졌고, 제2차 세계대전의 패전을 겪으면서 특별히 바뀌지도 않았다.

그런 와중에 등장한 것이 『언덕 위의 구름』이었다. 신문 연재는 1968년에 시작되어 1972년에 완결되었다. 여기에는 뤼순 공략을 둘러싼 다음 구절도 있다.

뤼순에서 요새와의 사투는 계속되었다. 9월 19일 노기군의 전력을 총동원한 제2차 총공격에 이어 10월 26일에도 총공격을 반복했지만, 모두 참담한 실패로 끝났다. 작전 초기부터의 사상자는 이미 2만 몇천 명이라는 경이로운 숫자에 이르렀다.

더 이상 전쟁이 아니었다. 재앙이라고 해도 좋을 것이다.

참모장 이지치 고스케의 목을 자르는 것은 간단하지만, 그렇게 하면 노기군 병사들은 "지금까지의 작전으로 전우들이 많이 죽은 것은 모두 노기와 이지치의 죄"라는 사실을 깨닫고 야전군은 동요하여 결국 사기의 붕괴를 막을 수 없게 될지도 모른다. 오야마는 그것을 두려워했다. 오야마가 고안해 낸 방법은 고다마 겐타로를 뤼순으로 보내 노기와 이지치의 가면을 쓰고 지휘를 하도록 맡기는 것이었다. 이렇게 하면 노기도 이지치도 상처받지 않고, 사기의 붕괴도 막을 수 있었다.

오야마 총군사령부의 참모들도 노기의 능력을 믿지 않았다. 노기의 작전을 담당하고 있는 이지치의 고집스러움에 대해서는 이제 모두가 증오한다. "오야마 각하께서 뤼순의 무익한 살생은 이지치에게 있다는 것을 잘 알고 있으면서도 축출하지 않는 것은 역시 사쓰마 사람이기 때문은 아닌가"라고 말하는 사람까지 있었다.

새겨진 기억과는 너무도 달랐다. 놀라웠다.

왜 일본인들이 『언덕 위의 구름』에 놀랐을까? 그 이유를 알 수 있지 않을까?

다니 히사오의 시점

『기밀 일러전사』와 『언덕 위의 구름』의 시점에 대해 최근 들어 이견이 제기되고 있다.

"노기군의 전법은 잘못되지 않았다" "참모장 이지치는 무능하지 않았다" 등의 주장이다. 새로운 자료와 시점을 바탕으로 한 논고로 흥미로운 것이 있지만, 아쉽게도 군사 전문가가 아닌 나로서는 판단할 수 없다.

다만, 다니 히사오의 시점이 편향적이라는 비판에는 다소 위화감을 느낀다. 친분이 있던 특정 입장에 선 사람의 말에 너무 영향을 많이 받았다는 지적인 듯하다. 하지만 당시 많은 군의 유력자들은 무언가 입장이 있었다. 이마무라 히토시를 부관으로 두었던 우에하라 유사쿠 원수는 러일전쟁에서 제4군 참모장이었지만, 제4군 사령관은 노즈 미치쓰라였다. 청일전쟁에서 사단장으로 평양을 공격했던 그 노즈 장군이다. 우에하라는 고향 선배인 노즈의 집에 서생으로 들어가 살았고, 그곳에서 육군사관학교에 진학했다. 우수성을 인정받아 노즈의 사위가 되었고, 청일전쟁에서는 노즈의 부관으로 참전했다. 우에하라에게 다니가 확인을 요구한 것은 제3군 노기의 동정에 관한 것이었다. 노즈에 대한 것도 아니고 제4군도 아니었다.

『기밀 일러전사』에는 입장이 다양한 사람들의 증언이 담겨 있다. 다니는 강의에 앞서 이렇게 말했다.

그 대부분 자료를 당시 조정의 정부 당사자와 고등 통수부 막사에 참여했던 선배 장군의 구술, 일지 또는 유서 등에 의존했다. 기존에 연구한 외무성 문서 또는 기밀 작전일지 등의 사료는 되도록 생략하고, 그 뒷면에 있는 경위를 서술하는 데 머물렀다. 따라서 진실을 기술하는 것도 때로는 정곡을 찌르기 어려운 사실도 없지 않다. 동시에 일부는 현재 국가의 원훈을 받아 존경받고 있거나 정부와 육해군 최고 요직 등에 재직 중인 나의 선배와 이미 귀적한 제현들을 불경스럽게 비난하는 사실도 없지 않다. 그러나 나의 연구는 이 강당 안에서만 하고, 이를 세상에 논하지 않기를 여러분에게 희망, 아니 요구한다. 그러므로 필기록은 배포하지 않는다. 단, 여러분에게 기억에 남는 기록은 임의적이다.

더욱이 다니는 생도들에게 이렇게 말했다.

한 가지 더 말해야 한다. 전쟁사의 이면에는 또 다른 이면이 존재한다는 것이다. 여기서 연구하는 요령은 비밀 전쟁사로서 군이 외부에 공개하지 않는 것보다 더욱 심각하게 전쟁 지휘관 또는 최고 사령관의 진실을 말하는 것, 즉 비사의 이면이다. 그러므로 이 뒷면도 역시 그 뒷면을 가지고 있다. 내가 청취한 선배 제현들은 현재 원수 대장의 영예로운 직에 있어 여러 사정상 당시의 진상을 가슴에 품고 있으며, 이를 공개하는 것을 엄중히 경계한다. 하지만 이미 20여 년이 지난 오늘에 이르러 비로소 그 진상을 밝히는 사람도 있다. 여러분은 본 연구를 하기에 가장 좋은 시기이지만, 또 한편 이런 진실한 이야기는 때때로 시효에 걸려서 명확하지 않은 것도 있다. 그간의 소식을 귀납할 수 있는 이면사 연구에는 더욱 이면적인 것이 있어야 한다. 철저하게 최종적으로 도달하기 결코 어려우니, 연구하는 동안에 통수상의 심리를 발견하고, 이로써 날로 발전하는 군사 장비의 변천에 따라 능히 이를 받아들여야 한다. 여러분들이 장차 최고 통수권자가 되거나 막료장이 되었을 때 양옆에 좋은 동반자를 얻는다면 본 강의의 목적은 충분히 달성할 수 있을 것이다.

이어서 다니는 왜 203고지에 집중하지 않았는지를 설명하는 노기 전 육군 참모장의 말을 소개하며, "근본적으로 상호 의견의 차이일 뿐, 어느 쪽이 옳고 그르다고 경솔하게 판단할 수 없다"고도 말했다.

러일전쟁이 끝난 지 20년이 되는 단계에 있던 다니가 무엇을 목표로 삼았는지 알 수 있다.

비판하려면 다니가 아니라 먼저 공표된 정사 『일러전사』를 비판해야 한다. 수많은 국민의 목숨을 앗아간 육군은 왜 그 많은 희생이 필요했는지 제대로 설명할 책임을 지고 있었다. 제대로 자료를 남기고 의미 있는 전사를 집필했다면, 이런 근본적인 문제를 둘러싼 논쟁이 오늘에 와서야 벌어지지는 않았을 것이다.

제7장

육군의 전쟁사

육군대학교의 개교

지금까지 '정사'로 여겨지는 일본군의 전쟁사가 어떻게 편찬되었고, 일본인의 역사관이 어떻게 형성되어 왔는지 언급했다. 청일전쟁사를 둘러싸고 「결정 초안」과 「공간 전사」의 차이점도 알 수 있었다.

「공간 전사」는 비밀로 하고 싶은 군사적 정보나 국민에게 알리고 싶지 않은 사실을 은폐하여 작성되었다. 알려지지 않은 사실에는 작전 실패와 고군분투의 내막, 부대 운영의 혼란, 군 내부의 의견 차이와 갈등, 개인적 야망과 판단 착오, 무기의 결함이나 병참의 미비 등이 포함되었을 것으로 추정되며, 그 결과 전쟁의 실상을 알 수 없게 되었다. 반면, 「결정 초안」은 불편한 사실을 숨기지 않고 지휘관들의 비판을 가감 없이 드러내고 있다.

차이가 분명해지자 다음으로 궁금해진 것은 「결정 초안」의 그런 서술이 어디서, 어떤 생각에서 비롯되었는가였다. 이 궁금증은 1883년 육군사관학교의 개교로 이어진다.

세이난 전쟁西南戰爭이 끝난 1880년대는 육군이 그 모습을 바꾸려는 시기였다. 국내 치안 유지를 위해 설치했던 진대鎭台를 어디든 출동할 수 있는 기동력을 갖춘 사단으로 개편하는 작업이 진행됐다. 자유민권운동이 고조되면서 군의 지휘권을 정치로부터 독립시키기 위해 군정(육군성)과 군령(참모본부)을 분리하려는 움직임이 본격화됐다. 이 전까지는 프랑스에서 모델을 찾았으나, 독일로 바꾸려는 움직임도 있었다.

육군대학교의 설치도 그런 움직임 중 하나였다. 군 간부를 양성하는 학교로는 이미 메이지 초기에 기원을 둔 사관학교가 있었다. 그곳에서 육성된 젊은 장교 중에서 선발해 참모들을 키우자는 취지였다. 군대를 조직적으로 운영하기 위해서는 이를 위한 지식을 갖춘 참모가 필요했기 때문이다.

육군은 육군성, 참모본부, 교육총감부를 세 관아라고 불렀다. 육군성이 내각에 소속된 반면, 다른 두 조직은 천황 직속이었다. 사관학교와 유년학교 등 각종 학교는 교육총감부에 속했지만, 육군대학교만 참모본부 산하 조직이었다.

육군대학교를 설립해도 교관에 적합한 인재를 국내에서 찾지 못해 독일에 파견을 요청했다. 그렇게 해서 온 것이 클레멘스 멕켈Klemens Wilhelm Jakob Meckel 소좌를 비롯한 참모장교들이었다. "일본 육군의 기초를 닦았다", '러일전쟁의 승리는 멕켈의 공로'라고 평가받는 멕켈 소좌는 독일식 참모 교육을 도입했다. 중시한 것은 참모 여행으로 교육의 중심이 되었다. 지형과 상황에 맞게 임기응변적으로 작전을 짜고 부대를 운영하기 위한 실전 연습으로, 다양한 전황을 가정해 일본 열도 곳곳을 돌아다녔다.

좌학座学에서는 군사학 지식을 전수했다. 중요한 교재가 된 것이 전쟁사였다. 역시 독일인 교관이 가르쳤는데, 처음 사용된 것은 보불전쟁(1870~1871년)의 전쟁사였다. 이 지식은 많은 육군 간부들이 알아야 한다며 참모본부로 찾아가는 강의도 기획되었고, 그곳에서 노토전쟁(1877~1878년)의 전쟁사를 해설했다.

19세기 초 나폴레옹이 이끄는 프랑스에 대항하기 위해 프로이센이 참모본부에 해당하는 조직을 설치한 이래, 전쟁사 연구는 독일 육군에서 참모장교의 중요한 임무였다. 나폴레옹 전쟁이 끝난 이듬해인 1816년, 전사과가 설치되면서 역사에서 교훈을 얻는 연구가 본격화됐다. 기록을 남기기 위해 부대별로 일지를 쓰는 제도도 도입됐다. 독일의 군사사학자 월터 괼리츠Walter Görlitz에 따르면 "전쟁사는 영웅담의 역사가 아니라, 옛날 전투부터 최근 전투까지 승리와 패배를 면밀히 연구하기 위한 수단"으로 여겨졌다고 한다.

「일본전사日本戰史」의 편찬

유럽에서 일어난 최근의 전쟁을 실례로 삼아 어떻게 싸워야 하는지를 배웠다. 무기의 기능은 전쟁이 일어날 때마다 업데이트되고, 전투 양상은 크게 달라진다. 실례를 찾는다면 가장 최근의 전쟁을 교재로 삼는 것은 당연할 것이다.

하지만 모두 먼 곳에서, 다른 환경에서 벌어진 전쟁이었다. 일본의 실정에 맞는 교육과 연구 소재가 필요했다. 그래서 참모본부가 착수한 것이 「일본전사」 편찬이었다. 1889년에 시작된 것으로 알려져 있으며,

일본 고대의 전투를 전쟁사로 기록하려는 시도였다. 「가와나카지마 전투川中島の戦」, 「오다와라 전투小田原役」, 「아네가와 전투姉川役」 등의 책이 현재 일본 국회도서관에 남아 있다.

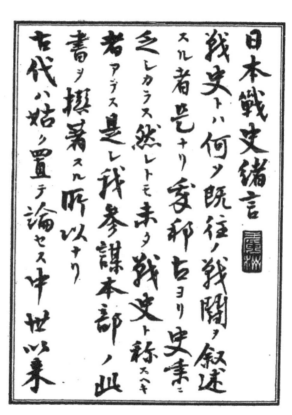

「일본전사」에
가와카미 소로쿠가
기고한 '서언'.

"전쟁사란
무엇인가"로
시작한다.

그 가운데 한 권인 「세키가하라 전투關原役」(1893년)의 '서언'에서 참모차장 가와카미 소로쿠川上操六는 전쟁사의 중요성과 조건을 이렇게 말한다.

전쟁사란 무엇인가. 기왕의 전투를 서술하는 것, 바로 이것이다. 우리나라는 고대부터 사서가 부족하지 않았다. 그러나 아직 전쟁사라 칭할 것이 없으니, 이게 바로 우리 참모본부가 이 책을 편찬하는 이유다. …… 고대는 당분간 논하지 않겠다. 중세 이래로 사서라 할 수 있는 책들은 대체로 전투에 대한 기록에 지나지 않는다. 「동감태평기東鑑太平記」 등과 같은 책이 모두 그렇다. 무엇 때문에 전쟁사가 없다고 말하는가. 말하자면 병학에 적합하게 기술된 것이 없다는 것이다.

참모본부는 그때까지 사가의 난佐賀の乱과 세이난 전쟁의 기록을 정리했었다. 하지만 그것은 전쟁사가 아니라고 생각했던 것 같다. 참모본부는 일본의 독자적인 전쟁사의 필요성을 이렇게 설명한다.

전쟁사는 무엇을 위해 만드는가. 무릇 병법을 연구하는 사람이 과거의 득실을 살피고 미래의 진보를 기약하게 하기 위함이다. 서양 전쟁사를 번역한 것 또한 적지 않다. 물론 강학에 도움이 된다.

그러나 지형과 습관이 다르다. 이를 밖에서 우스꽝스럽게 여길지언정 안에서 훈계하는 것은 더 친절하지 못하다. 오직 그들만 알고 우리만 모르는 것은 그 폐해에 본말이 전도될 수밖에 없다.

그렇다면 어떻게 하면 전쟁사라고 부를 수 있을까? 이에 대해 참모본부는 "우리나라 고대의 전투에 대해 이를 병학에 적합하게 기술하고자 했다. 하지만 당시 사서는 오늘날에 필요한 조항을 상세히 기록하지 않았다. 따라서 세밀하고 명료하고 정갈한 전사를 쓸 수 없었다"고 평가하고, 이를 위해 "널리 자료를 수집하여 집대성하고 또 위원을 파견하여 지리가 명확하지 않은 것은 면밀하게 조사 연구하고 병학적 기술을 통해 이 책을 편찬했다"며 현지 조사를 병행했다고 밝혔다.

더욱이 "서술의 문체보다 고상함을 중시했다. 그러나 만일 지나치게 간결하면 오히려 해답을 잃을까 두렵다. 생각건대 현재 여러 종류의 학과가 많고 어린 자제일지라도 여가가 많지 않다. 그러므로 되도록 쉽게 공부할 수 있도록 평이하게 서술해 널리 읽히도록 해야 한다"는 집필상의 주의점을 강조하고, "병제와 병기의 연혁이 전쟁사에 가장 필요한 것이다. 본부는 일찍이 각 연혁지를 저술했다. 독자는 이를 참고하길 바란다. 다만 당시에는 빨리 만들어야 해서 아직 정확한 고증은 없다. 그러므로 이 책을 수정함과 동시에 순차적인 보정을 추후 기약한다"고 읽어나갈 때의 유의점과 앞으로의 과제도 제시한다.

멕켈의 제자 도조 히데노리東条英教의 기용

「일본전사」의 편찬이 시작된 것은 가와카미가 독일 유학에서 귀국하여 참모차장이 된 이듬해부터였다. 유학이라고는 하지만 독일에 가기 전 가와카미는 이미 소장으로 참모본부 차장을 거쳐 근위사단 여단장 직책을 맡고 있었다. 독일에서 1년 가까이 참모본부의 제도와 운영의 실제를 배우고 귀국해 참모본부에 복귀하자마자 착수한 것이 바로 독자적인 전쟁사 편찬이었다.

청일전쟁에서 참모총장은 황족이었고, 차장인 가와카미가 육군의 작전과 부대 운영의 실질적인 책임자가 되었다. 전쟁이 끝나자 가와카미는 참모총장이 되었다. 이런 체제에서 편찬된 것이 「일청전사」였다. 그것은 일본 육군이 처음으로 시도한 전쟁사 편찬이었다.

「결정 초안」은 그런 환경에서 탄생했다. 「결정 초안」은 가와카미가 쓴 '서언'에서 밝힌 의도와 방침에 따라 집필된 것으로 볼 수 있다. 가와카미는 사쓰마 출신이었지만, 번벌藩閥에 얽매이지 않고 인재를 등용했다. 전쟁사 편찬에 기용한 것은 도조 히데노리東条英教였다. 쇼와昭和시대 개전 당시 총리를 지낸 도조 히데키東条英機의 부친이다.

도조 히데노리는 보신전쟁에서 적군賊軍이었던 남부번, 즉 이와테현岩手県 출신이었다. 하사관을 양성하는 교도단教導団에 들어가 세이난전쟁에는 소위 시보로 종군했다. 1883년 육군대학교가 개교하자 1기생으로 입학했다. 멕켈 소좌가 찾아온 것은 3학년 때였는데, 수석으로 졸업한 도조는 그대로 육군대학교 교관이 되어 멕켈이 일본에 머무는 3년 동안 꾸준히 그의 곁에 머물며 가르침을 받았다. 1888년부터 3년 간 도조는 독일로 유학하는데, 그 연수 현장도 멕켈이 근무하는 연대를 선택했다.

도조 히데노리(중앙)가 참모본부에 근무할 당시의 가족사진.

앞에 서 있는 소년이 도조 히데키. 촬영 연도는 알 수 없지만, 히데노리의 제복으로 미루어 볼 때 「일청전사」 편찬에 관여하기 시작한 전후의 것으로 추정된다.

독일에서 돌아와서는 참모본부에 근무했다. 가와카미의 측근으로 중용되어 청일전쟁에서는 대본영의 참모를 맡아 중요한 국면에서 명령을 전달하는 역할도 맡았다. 중앙의 의사 결정 과정부터 작전의 세세한 부분까지 전쟁 전체를 꿰뚫어 볼 수 있는 위치에 있었다.

전쟁이 끝나자 전쟁사 편찬을 담당하는 부장이 되었다.

「결정 초안」은 비공개가 전제

가와카미 참모총장-도조 제4부장 라인이 목표로 한 전쟁사는 이후 간행된 것과는 출판의 전제부터 크게 달랐다고 볼 수 있다. 「결정

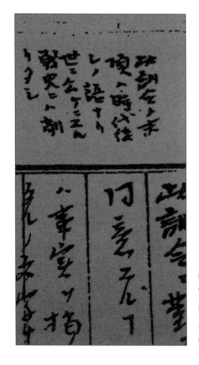

메모에는
"이 훈령의 마지막 항은 시대에
뒤떨어진 말이다.
세상에 공표할 전쟁사에는
이를 삭제했다"고 적혀 있다.

초안」에는 상당수의 메모가 붙어 있었다. 도장까지 찍혀 있는 것도 있어, 꼼꼼히 검토한 도조의 손길이 닿은 것으로 볼 수 있다. 그런 메모의 한 귀퉁이에 "이 훈령의 마지막 항은 시대에 뒤떨어진 말이다. 세상에 공표할 전쟁사에는 이를 삭제했다"고 적혀 있다.

「결정 초안」은 일반에게 미공개를 전제로 집필했음을 말해준다. 그것은 전혀 이상한 일이 아니다. 해군에서는 일반인을 대상으로 한 「공간 전사」와 내부 한정의 「기밀 전사」 두 종류를 편찬했다. 육군이 왜 「공간 전사」 한 종류만 만들었는지에 대한 구체적인 자료를 찾지 못했다. 하지만 이 메모의 본문에는 이렇게 적혀 있다.

이 훈령에 대한 저자의 주석은 생략했다. 왜냐하면 이것이 존재한다면 이 미흡한 훈령에 동의하는 것이 되기 때문이다. 편찬 규약에도 있듯이 평론은 독자에게 맡기고 저자는 사실만을 제시하는 데 그치지 않을 수 없었다.

'훈령'이란 전투를 앞둔 여단장의 발언이었다. 여단장은 몇 가지 주의를 내렸다. 사실 그대로 게재는 하지만, 시대착오적이고 부끄러운 내용이라고 메모가 지적한 '마지막 항'에서는 이렇게 말했다.

전리품은 함부로 사사로이 가져갈 수 없다. 단, 적장의 수급을

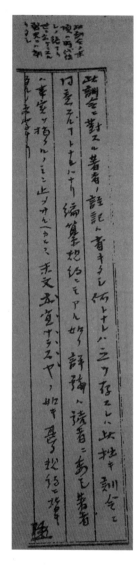

「결정 초안」에 붙은 메모.

"이 훈령에 대한 저자의 주석은 생략했다. 왜냐하면 이것이 존재한다면 이 미흡한 훈령에 동의하는 것이 되기 때문이다"라고 기록했다.

가져온 자에게는 그가 소지한 귀중품을 주겠다.

이런 사례는 이 외에도 적지 않았을 것이다. 「결정 초안」에서 무엇이 삭제되었는지를 되짚어 보면, 떠오르는 사실이 여럿 있다. 그것은 대부분 여단장과 사단장 등 현지 군 수뇌부의 언행과 실책에 관한 것들이었다. 그런 지휘관들은 전쟁이 끝나면 큰 명예를 얻었고, 더 나아가 요직으로 승진했다. 그런 육군 고위 관료들이 도조가 쓰고 있는 원고를 어떤 마음으로 바라보았을까?

「결정 초안」은 과감한 전투로 획기적인 승리를 거둔 것으로 알려진 평양공방전

등 '본래 있어서는 안 될 위험한 작전' '일본에 승산이 없었는데 청나라군이 멋대로 패배했다'라는 증거를 구체적으로 제시하면서 지적한다. 그들의 마음이 편할 리가 없었을 것이다.

가와카미 소로쿠川上操六의 죽음과 체제의 변화

거의 완성된 「결정 초안」이 폐기된 가장 큰 이유는 참모본부의 체제 변화였다고 볼 수 있다. 도조를 중용한 참모총장 가와카미 소로쿠가 1899년 병사했다. 50세의 젊은 나이였다.

육군성은 야마가타 아리토모의 계열 조슈 파벌長州閥 세력이 장악하고 있었지만, 참모본부는 비교적 자유로웠다. 그런데 가와카미의 죽음으로 조슈 파벌의 기세가 참모본부에도 영향을 미치게 되었다.

1900년 4월 말 인사에서 데라우치 마사타케寺内正毅가 참모본부의 차장이 되었다. 그는 조슈 파벌의 적통으로 러일전쟁 기간을 포함해 9년 반 동안 연속해서 육군대신 자리에 있었다. 이후 조선 총독을 거쳐 총리까지 올랐지만, 『언덕 위의 구름』에서는 편협하다는 이유로 가장 혹평받은 인물이다.

데라우치는 일기를 남겼다. 실무용으로 내용은 적고 간결하다. 참모 차장이 된 지 한 달 정도 지난 6월 1일의 일기에는 "출근. 도조 대좌와 전쟁사 편찬으로 의견이 달라 다투었다"고 기록했다. 6월 4일 일기에는 "도조 대좌, 지난 2일부터 심장병이라며 출근하지 않았다"고 한다.

중국에서는 의화단의 움직임이 활발해지고 있었다. 5월 30일에는 "청국에서 의화단이 폭발하여 철도 전신을 파괴하고 각국 호위를 위해 병사를 불러들였다." 6월 7일에는 "청국 의화단 비적의 세력이 창궐했다는 보고가 있다"는 시국 속에서 일어난 사건이었다.

도조와 데라우치 사이에 무슨 일이 있었던 걸까? 육군대학교에서 도조와 동기였던 이구치 쇼고井口省吾 장군은 회고록에서 이렇게 적었다.

청일전쟁이 끝난 후 우리 참모본부에서 「일청전사」를 편찬하게 되었는데, 편찬 주임인 도조 제4부장은 전투 정보가 정확하지 않은 경우가 많아서 각 전적지의 현지 조사를 신청했다. 당시 참모차장이었던 데라우치는 이 출원을 듣고 "보고서는 이미 보고서로 인정된 것이다. 지금 와서 전적지 실지 조사에 사람을 파견할 필요가 없다. 특히 전적지를 조사한다고 해도 당시와 정세가 달라진 곳도 있을 것이다. 차라리 전투 정보를 근거로 전쟁사를 편찬하는 것이 더 바람직하다. 그리고 만약 의심스러운 점이 있다면 이것은 바깥 여백에 기재하고 주를 달아놓으면 된다"고 말했다.

도조의 실지 조사 요청은 쉽게 허락되지 않았다. 여기서 데라우치와 도조 사이에 충돌을 일으켜 양자 모두 직을 걸고 의견의 관철을 꾀했다. 나는 심히 우려하여 마침내 쌍방의 의견을 물어보고 의사소통을 시도했다. 오쿠보 하루노大久保春野 장군에게 입회인을 요청했다. 그러나 오쿠보 장군도 처음에는 이를 승낙했으나, 양측의 성격과 그 주장을 감지하고는 도저히 해결의 여지가 없음을 깨닫고 마침내 입회를 거부했다. 그리하여 양측의 분쟁은 점차 그 정도가 심해져 언제 해결될지 예측할 수 없게 되었다. 마침 1900년 북청사변이 발발하자 도조 부장은 "지금과 같은 국가적으로 다사다난한 시기에 공연히 다투는 것은 매우 어리석다. 더욱이 이 사건을 처리하는 차장의 심적 고통 또한 만만치 않을 것이다. 그래서 나도 마음을 바꾸어 차장의 명령에 따르기로 하겠다. 그리하여 전쟁사 편찬이 완료된 후에 깨끗하게 신변을 정리하겠다"고 말하면서 그대로 편찬에 종사했다. 이로써 양측의 갈등은 마침내 해결의 실마리를 찾았고, 이후 도조 부장도 승진하여 여단장이 되었다.

「공간 전사」와 「결정 초안」의 내용을 구체적으로 검토해 보면 그 차이는 현지 조사의 유무와 같은 범위에만 한정될 문제가 아니었다. 사실을 후세에 어떻게 전달할 것인가라는 기본 이념에서도 양립할 수 없었을 것이다.

도조의 이후

이런 과정을 거쳐 1901년 도조는 소장으로 진급해 여단장으로 전출한다. 1904년 시작된 러일전쟁에도 도조는 여단장으로 출정했고,

전쟁이 끝난 2년 후인 1907년 51세의 나이로 예비역으로 편입되어 육군을 떠났다. 최종 계급은 중장이었지만 하루만 명예 진급한 것으로, 육군대학교의 첫 수석 졸업생임에도 불구하고 사실상 소장으로 경력을 마감했다. 그 이유에 대해서는 러일전쟁에서 부대 운영에 미숙했다거나 명령을 따르지 않았다는 등의 지적이 있다.

하지만 지금까지의 전쟁사 편찬 과정을 살펴보면, 설령 구실이었다고 해도 그것이 주된 이유라고는 생각되지 않는다. 퇴역 후 도조의 활동을 살펴봐도 군인으로서 잘못을 저질러 군에서 쫓겨났다고 사회적으로 인식하고 있었다고 보기는 어렵다.

잡지에는 종종 그가 집필한 원고가 실려 있다.

《신일본新日本》 1911년 10월 호는 '아메리카' 특집호로, 도조는 6쪽에 걸쳐 「미국 육군의 조직과 세력」을 썼다. 《신공론新公論》의 같은 10월 호에는 「내가 실험하는 통쾌전痛快戰」을, 《성공成功》의 1912년 5월 호에는 「사생결단의 수련」을, 《중앙공론中央公論》의 1912년 5월 호에는 「신육군의 인물」을, 《신공론》의 1912년 7월 호와 9월 호에는 「군정개혁 문제」와 같은 주제로 원고를 썼다. 1913년에 출판된 『명사의 소년 시절부터 숭배하는 영웅名士の少年時代より崇拝せる英雄』이라는 책에서는 오쿠마 시게노부大隈重信, 니토베 이나조新渡戸稲造, 고토 신페이後藤新平 등과 함께 '명사'의 한 사람으로 도조가 거론되고 있다. 참고로 도조가 숭배하는 인물로 꼽은 것은 니치렌日蓮이었고, "권위에도

위무威武에도 굴복하지 않았다"는 이유를 밝히고 있다.

도조는 국제적인 교양을 갖춘 전직 군인 출신 오피니언 리더의 역할을 맡았던 것 같다.

그런 가운데 《신일본》 1911년 5월 호의 논고가 눈길을 끈다. '조슈 파벌과 그 미래'라는 특집을 구성했는데, 5명의 필자 중에 도조의 이름도 보인다. 나머지 4명은 남작 고토 신페이가 「조슈벌 공격은 약자의 목소리」, 문학박사 미야케 유지로三宅雄次郎가 「생명 없는 우상숭배」, 법학박사 도미즈 히론토戸水寛人가 「정치세력의 요소」를 제목으로 썼으며 「그 존립 근거가 없다」라는 제목의 원고는 익명으로 되어 있다.

「역사는 파벌의 흥망성쇠사」라는 제목의 도조의 원고를 읽어보자.

도조는 "조슈 파벌의 장래? 나는 그런 것을 알 수 없다"고 썼다. "욕심이 없는 신이나 부처와 같은 인간들만 모여서 사회를 조직한다면, 사회의 인심에 파벌이니 불평불만이니 하는 주름살도 생기지 않고, 평등하게 기름을 뿌린 듯이 평온하고 무사히 지나갈 것이다. 그러나 탐욕의 물결이 넘쳐나는 인간들 사이에서는 그럴 수 있는 것이 아니다. 욕심이 있는 이상 이익을 원하게 된다. 이익을 얻으려면 권력을 좇는 것이 지름길이기 때문에, 어떤 인연을 찾아 권력에 아부하는 족속이 자연히 생긴다. 즉 사회 인심에 파벌이라는 주름살이 생기는 것은 인간에게 욕심이 있는 이상 막을 수 없는 일이라 해도 좋다. 다만 염치의 마음으로 욕심을 억제할 수 있는 사람만이 그런 추잡한 짓을 하지 않을 뿐이다"고 말한 뒤, 후지와라 씨藤原氏, 다히라 씨平氏, 겐지 씨源氏, 호조 씨北条氏, 아시카가 씨足利氏, 오다 씨織田氏, 도쿠가와 씨德川氏 등 일본의 권력 교체의 역사를 설명한다.

그런 파벌 다툼에서 "일족은 무고하게 죽임을 당했다"고 지적하며 "오늘날의 조슈 파벌이 아무리 제멋대로라고 해도 그 횡포는 헤이안 시대의 많은 것들 가운데 일부에 불과하다"고 말했다. 비유하자면 "당시의 파벌은 강도를 일삼았지만, 오늘날의 조슈 파벌은 단순히 몰래 도적이나 도둑질을 일삼는 것에 불과하다"고 말했다.

더욱이 보신전쟁을 거치면서 도쿠가와 파벌이 죽고 사쓰마와 조슈 파벌이 흥하고, 이후 사쓰마 파벌의 세력이 쇠퇴하고 조슈 파벌이 독점적으로 세력을 떨치고 있는 것이 오늘날의 상태라고 말하면서 "역사가 파벌의 흥망성쇠의 역사인 이상 미래의 역사도 마찬가지다" "하늘의 섭리가 조슈 파벌에만 사물화할 이유가 없다"고 주장했다.

그렇다고 해서 그것은 "포기하고 자연 소멸을 기다리면 되겠지"라는 뜻은 아니다. "인간에게 있어서 병은 어쩔 수 없으니 그냥 내버려 두라고 할 수 없는 것과 마찬가지"라고 강조했다. 도조는 그러면서 파벌에 대한 치료법은 두 가지가 있다고 제시한다. 하나는 "사회는 마땅히 엄중하게 파벌의 행위를 감시하여 불공정 행위를 가능한 한 견제하는 것"이고, 다른 하나는 "사회인의 품성과 지식을 도야하고 기력을 조성하여 그 자연의 힘으로 현존하는 파벌의 폐해를 소멸시키는 것"
이라고 한다.

그렇다고 해서 "쓸데없는 뼈를 깎는 것보다 공부하고 자연 작용을
기다리는 것이 상책"이라고 말하면서, "파벌에 대한 마음가짐은 모두
이렇게 하면 좋을 것 같다. 적어도 나는 항상 이런 포기하는 마음을
가지고 있다"고 결론지었다.

《신일본》은 오쿠마 시게노부大隈重信가 창간한 잡지로 조슈 파벌에
대항하는 잡지였다. 이 원고가 보여주는 것은 도조가 조슈 파벌을 따
르지 않는 군인으로서 사회적으로 인정받고 있었다는 것이다.

영전을 누린 오시마 겐이치大島健一

「결정 초안」을 집필한 도조와 이를 폐기, 개찬해 「공간 전사」를 정리
한 오시마 겐이치의 이후 경력의 격차는 너무도 크다.

오시마도 파벌과는 무관한 작은 기후岐阜 출신이었다. 1858년생으
로 도조보다 세 살 아래다. 도조와 마찬가지로 뛰어난 인재로 알려져
육군사관학교를 졸업하고 프랑스, 독일로 유학했다. 도조와 함께 독일
의 제도를 도입하는 역할을 했다.

청일전쟁에 오시마는 조슈번의 영수였던 야마가타 아리토모의 부
관으로 참전했다. 러일전쟁 때는 야마가타의 메시지를 전보를 통해 독
일의 멕켈에게 보냈다는 에피소드가 남아 있다. 야마가타의 신임을 얻

어 조슈 파벌의 준회원과 같은 대우를 받고 참모본부에서 전쟁사 편찬을 담당하는 제4부장이 된 이후에도 꾸준히 육군의 요직을 차지하며 육군대신까지 승승장구했다. 퇴역 후에도 귀족원 의원, 추밀고문관으로서 국정의 중심부에서 대접받았다. 다만 장군은 되지 못했다. 중장으로 끝난 대신 경험자가 드물고, 조슈 파벌의 정식 멤버가 아니었기 때문이라고 한다.

군제사학자 마쓰시타 요시오는 "관계유영술官界遊泳術이 능숙하고 조슈 파벌의 이사頤使를 잘 감수해서 육군대신의 인장을 달았다"고 오시마를 평가했다. '이사'는 말 그대로 턱으로 부린다는 뜻으로, 사람을 마음대로 부린다는 뜻이다.

이에 반해 도조에 대해서는 "전쟁사에 대한 조예가 깊어 부내에서도 거의 견줄 사람이 없었다. 군비로 육군을 논할 때면 그 논적을 종종 경외하도록 만들었다"고 평가한다.

도조와 오시마는 비슷한 출신과 경력을 가지고 있다. 파벌과는 거리가 먼 출신이면서도 뛰어난 수재였다. 유학을 경험한 국제파 엘리트 관료였고, 육군을 대표하는 전쟁사학자였다. 하지만 그들의 인생 후반전은 너무나 대조적이다. 그 차이가 어디에서 비롯되었는지 육군 장교라면 모를 리 없었을 것이다.

여단장 명령을 받고 도조가 참모본부를 떠나자 후임인 시바 고로柴五郎는 1개월, 그 뒤를 이은 오치아이 도요사부로落合豊三郎는 7개월 근무하는 등 제4부장은 단기간에 교체되었다. 시바는 아이즈会津, 오치아이는 시마네島根 출신이었다. 가와카미파라 불리는 인재들은 참모본부에서 속속 사라졌다. 그 대신 야마가타 아리토모와 데라우치 마사타케 등 조슈 파벌의 숨결이 느껴지는 인물들이 자리를 차지했다. 오시마 겐이치는 그런 시기에 전쟁사 담당 제4부장으로 기용된 것이다. 유능한 관리였던 오시마는 자신의 역할에 대한 기대를 잘 알고 있었을 것이다.

쓰카모토 다카히코塚本隆彦는 오시마에 의해 전사 편찬의 이념이 변질되었다고 지적한다. 다원적이었던 편찬의 틀은 협소해지고, 비판적 서술의 제약을 강화함으로써 공허해졌다고 분석한다. 오시마가 우선시한 것은 '군의 위신 유지'였다는 것이다.

그 결과, 전쟁 지도와 같은 고위 지휘부에 대한 평가를 회피하고 사단 이하의 작전이나 전투 과정 서술이 중심이 되어 전쟁사라기보다는 '작전 전투사'가 되었다는 것이다. 러일전쟁에서 소국이 강대국에 승리한 측면이 강조되고, 특히 정신적 우위가 물적 전력 부족을 보완했다고 지나치게 강조되어 이후 육군의 현대화를 늦추는 결과를 초래했다고도 지적한다.

러일전쟁에서 오시마는 대본영 병참총감부 참모장이라는 전쟁 전체를 조망할 수 있는 요직에 있었다. 병참총감은 참모총장인 야마가타였다. 그리고 전쟁이 끝나자 오시마는 또다시 제4부장으로 러일전쟁사 편찬의 책임자를 맡게 된다.

아사히신문사는 러일전쟁이 끝난 지 30년째 되는 1935년에 『명장회고 일러대전비사名將回顧 日露大戰秘史』라는 책을 펴냈다. 장군과 중장으로 진급한 러일전쟁 체험자들을 모은 좌담회 기록에서 오시마는 야마가타에 대한 기억을 이야기한다. '세상을 주름잡은 야마가타 원수' '명석한 기억력에 부하들이 경악' 등의 제목으로 "어쨌든 원수는 유신 이전부터 말년에 이르기까지 시종일관 지극히 성실하고 엄숙했으며, 상부의 뜻을 위해, 나라를 위해, 이보다 더한 것이 없었다. 그것은 일반 세상에서도 알고 있는 것 같다"는 내용을 담고 있다. 오시마의 충성심이 평생 변함없었음을 보여주는 동시에, 그것은 전쟁사를 통해 오시마가 그려낸 야마가타의 모습이기도 했을 것이다.

참모본부의 전쟁사 편찬은 이후 더욱 공허해진다. 국민교육 자료라는 역할이 중시되어 일반 국민을 독자로 상정하고 사명감과 애국심을 강조하는 이야기로서의 색채가 강해졌다. 그 결과 육군 내에서는 '통속 전사'라고 불리게 되었다고 쓰카모토는 설명한다. 오시마가 방침을 정한 『일러전사』는 전국의 중학교에 배포되었다.

도조 히데노리의 저작

도조는 조슈 파벌에 대한 '포기'의 경지에 도달하기까지 많은 좌절감을 느꼈을 것이다. 이루지 못한 한을 풀기라도 하듯이 퇴역 후 도조는 자택에서 군사학과 전쟁사 연구에 몰두했다.

『전술록지진戰術麓之塵』은 그 대표작으로 꼽힌다. 하지만 어떤 내용을 담고 있는지, 내용을 소개한 것을 찾을 수 없었다. 국회도서관에도 장서가 없다. 전국 공립도서관 중 단 1권, 고향인 이와테 현립도서관에 있다는 것을 알고 문의해 보았다. 방문하면 구할 수 있는지 확인하고 싶었지만, 코로나 사태로 복사해서 우편으로 보내주는 서비스가 있다고 해서 부탁했다. 기다림은 열흘 정도. 모리오카盛岡에서 도착한 소포의 두께에 놀랐다. 열어보니 납품서가 동봉되어 있었고 '복사물 680매'라고 적혀 있었다. 대략 130페이지 분량의 책이라는 것을 알았다. 바로 읽기 시작했다.

"태산도 산기슭의 작은 먼지가 모여서 만들어졌다"라는 중국의 고사성어에서 제목을 따왔고, 내용은 보병, 포병, 기병 등 각종 작전에 대한 해설인 것 같았다. 부대 운용의 유의점, 요새의 기초 지식, 무기 취급에 이르기까지 다양하고 군사 전반에 걸친 내용이라는 인상을 받았다. 그 가운데에서도 서양의 군사 역사에 대한 지식은 경탄할 수밖에 없었다. 지금이야 인터넷을 통해 알 수 있겠지만, 당시에는 하나하나가 원서에서 얻은 귀중한 정보였을 것이다. 군인들을 위한 백과사전이라고 할 수 있다. 엄청난 박학다식이 아니었다면 도저히 할 수 없는 작업이다.

군사에 문외한인 내가 그 내용을 평가할 수는 없지만, 인상적이었던 것은 '대략'과 '대체로'라는 단어가 자주 등장한다는 점이다. 원리 원칙에 비추어 생각하면 고민할 필요가 없다는 생각인 듯하다. "그러므로 멕켈 장군은"과 같은 멕켈에 대한 언급도 눈에 띄었다.

내가 이 책에 주목한 것은 청일전쟁을 둘러싼 서술 때문이었다. 「결정 초안」에 남아 있지 않은 장에 대해 뭔가 정보가 있지 않을까 생각했다. 하지만 러일전쟁의 실례를 바탕으로 한 설명은 있었지만, 청일전쟁에 대한 언급은 찾을 수 없었다. 한 달 가까이 걸려서 읽다 보니 다소 허무한 느낌이 들었지만, 낙담하지는 않았다. 도조의 저술에 대해 사실 또 한 권의 책이 있었기 때문이다.

그것은 『정청용병 격벽청담征清用兵 隔壁聽談』이다. 방위성 방위연구소 도서관이 새롭게 공개하기 시작한 '청일전쟁 관련 신출 자료'로 역사학자 오사와 히로아키大澤博明가 2010년에 학술지에 소개했고, 이후 논문으로 발표되었다. 그는 도조가 전쟁사 편찬 담당 부장이 된 이듬해인 1897년의 자작으로 보이며, 청일전쟁을 둘러싼 통설을 뒤엎는 사실이 포함되어 있다고 소개했다. 이토 히로부미 총리, 무쓰 무네미쓰陸奥宗光 외무상, 가와카미 소로쿠川上操六 참모차장이라는 세 사람의 역할에 대한 재검토의 필요성을 제기했다.

아마도 도조가 지금까지의 역사 편찬 작업에서 얻은 정보를 정리한, 말하자면 「결정 초안」의 초안이나 개요와 같은 것이 아닐까 하는 추측이 들었다.

도조의 시점

찾아보니 국립공문서관이 운영하는 아시아역사자료센터의 디지털 아카이브에 공개되어 있었다. 400자 원고지로 환산하면 200자 원고지 20장 정도의 분량이었다. 읽어보니 확실히 통설을 뒤엎는 사실들이 포함되어 있었지만, 「결정 초안」을 통해 이미 알고 있던 내용들이 눈에 띄었다.

그보다 더 신선했던 것은 도조의 관점이었다. 이것은 놀라웠다.

무엇이 놀라웠을까? 제1장의 「전쟁의 기원」을 현대어로 요약해서 읽어보자. 「결정 초안」에는 남아 있지 않았던 제1책에 포함됐을 법한 부분이다.

1873년 일본은 청나라에 사신을 보내 "조선은 청나라의 속방인가" 물었더니 "자주 국가다"라는 대답이 돌아왔다. 그래서 1876년 조선을 독립국으로 인정하고 조일수호조규를 맺었다. 그러나 청국은 점점 더 속국적인 학대를 가했고, 조선 정부도 겉으로는 일본과 수교조약을 맺으면서도 속으로는 일본을 혐오하고 청국을 신뢰했던 것이 사실이었다. 이후 조선의 개항지를 둘러싼 협상을 시작했지만, 조선의 태도는 냉담했고 좀처럼 타결되지 않았다. 이는 청나라가 음험한 수단을 이용한 데다 조선의 청나라에 대한 숭배심이 깊었기 때문이었다.

1882년에는 임오군란이 일어나 일본 육군 무관이 흉탄에 쓰러졌다. 1884년에는 갑신정변이 일어나 일본 공사관이 불탔다. 둘 다 조선에서 일어난 사건이지만 청국과 깊은 연관이 있는 사건이었다. 그 가운데에서도 갑신정변은 조선에서 청일 양 세력 갈등의 결과로 청일 양국의 군병이 개입했다. 이에 일본 정부는 조선에서 청국과의 충돌을 피하고자 청국에 사신을 보내 협의하고 1885년 톈진조약을 맺었다. 이 조약은 양국의 충돌을 막는 데는 어느 정도 효력을 발휘했지만, 또 한편으로는 후일의 동란을 불러일으키게 되었다.

조선에서의 주도권, 지배권을 둘러싼 다툼은 청일전쟁으로 정리하는 것이 일반적이며, 여기까지는 그 틀 안에 있다. 도조의 시선이 다른 것은 이 이후부터다.

이 외에도 타이완 사건과 류큐 문제 등이 있는데, 모두 일본과 청국 사이에 오랫동안 갈등을 빚어온 사안들이었다. 그런 것들이 상호 반목의 정도를 높이고 감정적 충돌을 심화시킬 뿐이었다.

도조는 조선이라는 틀을 넘어 타이완, 류큐까지 시야를 넓혀 전쟁의 원인을 생각했다. 타이완 사건이란 1874년 타이완 출병을 가리킨다. 1871년 태풍으로 타이완에 표류한 류큐인 중 54명이 현지 주민에게 살해당한 사건이 발단이었다.

일본이 류큐 국왕을 류큐 번주藩主로 정한 것은 1872년이고, 오키나와현으로 직접 지배에 편입한 것은 1879년이므로 아직 청국과의 책봉 관계가 분명한 류큐 왕국 단계의 사건이었다.

일본이 처벌과 배상을 요구하며 타이완에 병력을 파견하려는 움직임을 보이자 류큐 왕국은 반대했다. 청국은 류큐 국민은 일본의 속민屬民이 아니라고 주장했다. 일본 국내에서도 반대론이 있었지만, 메이지 정부는 3,600명의 원정군을 타이완에 보냈다. 근대 일본 최초의 해외 출병이었다.

출병 후 청일 양국은 호환조관互換条款에 서명했는데, 거기에는 "타이완 생번生蕃이 과거 일본의 속민 등에게 맹목적으로 해를 끼치는 사건을 벌였다"고 규정했다. 생번이란 지배에 따르지 않는 현지 주민을 말한다. 류큐인이 조난된 지 2년 후, 타이완에 표착한 오다현小田県(지금의 오카야마岡山와 히로시마広島의 경계 일대에 있던 현) 주민 4명이 습격당했고, 출병 시에는 그 이유도 추가했다. '속민 등'이라는 표현은 그런 사정을 반영한 것으로 볼 수 있는데, 일본은 류큐가 일본에 귀속되어 있다는 것을 청국이 인정한 것으로 간주했다.

타이완 출병을 통해 일본은 류큐에 대한 관여를 심화시켜 단계적으로 외교권과 내정권을 빼앗아 1879년 류큐 합병에 이르게 되는데,

그 과정은 이후 한국 병합과 유사하다. 청국에 의한 책봉 체제라는 모호한 국제질서의 실체를 타이완과 류큐에서 시험하여 청국의 반응을 확인하고, 그 경험을 바탕으로 일본은 조선에서의 세력 확장을 의도했다고 오늘날의 연구자들은 지적한다.

그런 상황까지 시야를 넓혀서 도조는 전쟁에 이르게 된 경위를 분석했다. 도조는 이렇게 말한다.

류큐 문제는 청국인의 눈에 어떻게 보였을까? 조선 문제는 청국인을 얼마나 격앙시켰을까?

간의대부諫議大夫라는 고위 관료 장페이룬張佩綸은 "조선에 대해 왜가 생각하는 것은 의심스러울 뿐이다. 가능한 한 빨리 일격을 가해 일본이 다시는 일어서지 못하도록 해야 한다"는 의견서를 제출했다. 야오웬둥姚文棟이라는 인물은 "류큐 문제에 대해 일본은 중남 양 섬을 돌려주는 것으로 해결하려고 하는데, 도저히 납득할 수 없는 일이다. 전투를 벌여야 한다" "류큐를 되찾은 병력은 조선 보호에 사용해야 한다. 류큐를 잃는 것은 발가락 한 마디의 상처와 같은 것이지만, 조선은 동방의 안위에 관계되는 것이어서 나라를 걸고 싸워야 한다"고 주장했다.

오키나와현 설치 이후에도 류큐의 귀속을 둘러싼 분쟁은 계속되었다. 류큐를 분할하는 방안은 청일 양국에서 제안되었고, 1880년에는 일본이 미야코지마宮古島, 이시가키지마石垣島 등의 사키시마 제도先島諸島를 청국령으로 하는 방안을 제시하기도 했다. 여기서 보이는 '중남 양 섬'은 그런 분할안으로 볼 수 있다. 도조는 이렇게 썼다.

청나라 원로 리훙장은 "조선 문제를 전쟁의 명분으로 삼아서는 안 된다. 왜와 싸울 것이라면 류큐 문제야말로 대의명분에 걸맞고, 류큐는 청나라의 것으로 되찾을 권리가 있으며, 열강이 시비할 이유가 없다"고 말했다. 일본을 적대시하는 재료로 류큐 문제는 자주 거론되는 소재가 되었다.

조선은 빈약해서 스스로는 아무것도 할 수 없는데, 실체 없는 독립에 당황하고 사대의 관념에 사로잡혀 종종 문제를 일으켜 누를 일본에 끼쳤다. 오랜 강대국이라는 의식이 강했던 청국은 오만하고 무례했으며, 조선을 예속된 나라로 여겼다. 일본이 독립된 나라로 취급하자 일본에 대한 원한을 품게 되었다.

이렇게 돌이켜 보면, 류큐와 타이완 등의 문제도 있으니 청나라의 일본에 대한 적개심은 최근에 시작된 것이 아니다. 개전의 이유는 많았고, 청일 양국은 적어도 정신적으로는 이미 전투 상태에 있었다.

청일전쟁의 원인으로 류큐의 귀속 문제까지 떠올리는 사람이 오늘날 일본에 얼마나 있을까?

시바 료타로는 『언덕 위의 구름』에서 청일전쟁의 원인을 이렇게 설명한다.

이제 전쟁의 원인을 언급하지 않을 수 없다.

원인은 조선에 있다.

그렇다고 한국이나 한국인에게 죄가 있는 것이 아니라, 죄가 있다면 한반도라는 지리적 존재에 있다.

원래 반도 국가는 유지가 쉽지 않다. 유럽의 발칸 반도나 아시아의 베트남 등이 이를 증명하고 있으며, 공교롭게도 이번 청일전쟁 직전 베트남에서 비슷한 문제가 발생했다. 청국이 베트남의 종주권을 주장하며 이를 식민지로 삼으려는 프랑스와 갈등을 빚었고, 그 결과 청불전쟁이 일어나 프랑스 해군은 청국 복건 함대를 전멸시켰으며, 육전에서도 청국은 연전연패했다. 1884년의 일이다.

한반도의 경우는 베트남보다 더 복잡하다.

청국이 종주권을 주장하는 것은 베트남과 다르지 않지만, 이에 대해 새롭게 보호권을 주장하는 것은 러시아와 일본이었다.

러시아 제국은 이미 시베리아를 손에 넣고 연해주, 만주를 제압하려 했고, 그 여세를 몰아 이미 조선까지 넘보려는 기세를 드러내고 있다.

일본은 더 간절했다.

절실하다는 것은 조선에 대한 마음이다. 조선을 영유하려는 것
보다 조선을 다른 강대국에 빼앗기면 일본의 방어가 성립되지 않
는다는 것이었다.

일본은 과잉이라 말할 수 있는 피해자 의식에서 메이지유신을
일으켰다. 통일 국가를 만들고 빨리 근대화를 이루어 강대국의 아
시아 침략으로부터 자국을 지키고자 했다. 그 강렬한 피해자 의식
은 당연히 제국주의의 이면이라 할 수 있지만, 어쨌든 이 전쟁은
청국이나 조선을 영유하기 위해 일으킨 전쟁이 아니라 어쩌면 소
극적이었을지도 모른다.

"조선의 자주성을 인정하라, 조선을 완전한 독립국으로 만들라."

이것이 일본이 청나라를 비롯한 관계국들에 대해 한 말이고, 이
를 다년간 염불처럼 되뇌어 왔다. 일본은 한반도가 다른 강대국의
속국이 되는 것을 두려워했다. 그렇게 되면 현해탄을 내주는 것만
으로도 일본은 다른 제국주의 세력과 인접할 수밖에 없게 된다.

이 때문에 일본은 전권대신 이토 히로부미를 톈진으로 보내 청
나라의 리훙장과 담판을 짓고 이른바 톈진조약을 맺었다.

그 요지는,

"만약 조선에 내란이나 중대한 변고가 발생할 경우"라는 가정

아래,

"그 경우 양국(청국과 일본) 또는 그중 어느 한쪽이 파병해야 할 필요가 생겼을 때 서로 공문을 주고받으며 충분히 양해한다. 난리가 진정되면 즉시 철병한다"는 내용이었다.

이 조약으로 일본은 조선의 독립을 지키려 했다.

『언덕 위의 구름』을 통해 청일전쟁을 알게 된 사람이 많을 것이다. 세대를 뛰어넘어 읽히는 국민적인 작품이다. 하지만 도조는 『언덕 위의 구름』이 보여준 역사상과 상당히 다른 영역까지 들어가 전쟁의 원인을 파헤치고 있었다.

갑신정변과 김옥균

도조의 시각에서 무엇보다 놀라웠던 것은 갑신정변과 김옥균을 둘러싼 서술이었다.

일본의 영향을 받은 급진적 개화파 청년들이 중심이 되어 1884년 서울에서 보수파의 일소를 목표로 일으킨 쿠데타였으나 청군의 출동으로 무참히 진압되어 실패로 끝났다.

개화파는 일가친척까지 잔인하게 처형당했다. 지도자 김옥균을 지지했던 후쿠자와 유키치福沢諭吉는 깊은 슬픔과 실망을 느끼며 청국과 조선을 "도덕마저도 땅에 떨어뜨려 잔인하고 불결하며, 오만하고 반성할 줄 모르는 자 "과학의 본질을 알지 못한다" "비굴하고 부끄러움을 모른다" "어리석고 무법적이며 잔인하고 무정하다"고 지적하며 '탈아론'을 주장한 것이 이 시기다. 김옥균은 일본으로 망명했지만 오가사와라 제도小笠原諸島에 유폐되는 등 냉대받다가 도망치듯 건너간 상하이에서 1894년 3월에 암살당했다. 청나라가 군함을 통해 그의 시신을 가져가자 조선 정부는 시신을 토막 내어 각지에 전시했다.

도조는 "김옥균이 조선에서 일본당의 영수라면 그의 진퇴 안위는 이 나라에서 일본의 세력과 밀접한 관련이 있다. 일본이 세력을 키우려고 한다면 만사를 제쳐두고라도 그를 감싸 보호하지 않으면 안 되었다. 그러나 눈앞의 분쟁을 피하려고 정부는 망명 지사를 냉정하게 대했고, 결국 그는 흉악범에게 암살당하고 말았다"고 일본의 대응을 비판했다.

그러면서 이렇게 묻는다.

그런 행동으로 일본 정부가 얻은 것은 무엇이었을까. 조선의 격렬한 분노, 청나라의 강한 원한만이 아니었을까. 생각해 보자. 김옥균의 시신에 대한 청나라의 처리는 매우 불법적이었고, 조선도 의도적으로 잔인하게 처리했다.

김옥균의 암살과 시신에 가해진 잔인한 형벌은 일본에서 큰 반향을

불러일으켰다. 《도쿄일일신문東京日日新聞》은 "김옥균의 시체에 형벌을
가하다" "머리와 사지를 각기 따로 부관참시" "상식을 벗어난 한인의
잔인성"이라 보도했고, 후쿠자와가 창간한 《시사신보時事新報》는 「참
혹한 그 광경」이라는 제목으로 노출된 시신 사진을 싣고 현장 상황을

도조 히데노리의
『격벽청담隔壁聴談』.

김옥균의 죽음을 둘러싸고
"내가 화를 내면
그가 화를 내는 것을 알 수
있다"고 말했다.

전하며 "본사 통신원 출장 당시에는 따로 파수꾼을 두지 않고 그 지역 사람이 명을 받아 감시했다. 누구라도 시체를 보는 것을 금하지 않았다"고 전한다. 청국과 조선에 대한 반감이 고조되어 개전의 분위기를 고조시키는 역할을 하기도 했다.

하지만 도조의 눈은 그런 세간의 시선과 상당히 달랐다. 이어 이렇게 호소한다.

내가 화를 내면 그가 화를 내는 것을 알 수 있다.

그것은 일본에 대한 분노를 김옥균을 통해 쏟아부은 것이었다. 도조는 그 사실을 알아야 한다고 주의를 불러일으켰다. 도조는 잘려서 잔인하게 노출된 김옥균의 시신에서 일본에 대한 적대감, 증오를 읽어내지 않으면 안 된다고 받아들였다. 독일에서 배운 냉철한 관점일까. 후쿠자와가 '탈아'라는 말을 사용한 것은 일생에서 이때 단 한 번이었다고 하는데, 조선과 중국과는 양립할 수 없다는 '탈아론'적인 관점은 이후 일본에서는 현재까지 유력해 놀라울 따름이다.

『언덕 위의 구름』은 이런 조선의 사정을 어떻게 설명하고 있는지 확인해 보자. 시바는 이렇게 말한다.

한국 스스로는 어쩔 수 없다.

이 왕조는 이미 오백 년을 이어왔고, 그 질서는 이미 노쇠해졌기 때문에 한국 자신의 의지와 힘으로 스스로 운명을 개척할 능력은 전혀 없다고 말해도 과언이 아니었다.

거기에 동학당의 난이 일어나고 있다. 동학은 서학(기독교)에 대한 말이다. 유교, 불교, 도교라는 세 가지 종교를 합치고 여기에 현세의 이익을 더한 신흥종교다. 이것이 우리나라의 막말 무렵부터 조선의 전라도와 충청도 농민들 사이에 퍼져나갔고, 결국 그것이 농민봉기의 색채를 띠게 되었다.

그것이 한국의 질서를 뒤흔들 만큼 격렬해진 것은 1894년 2월 이른바 갑오농민전쟁부터다. 동학 포교사 중 한 명인 전봉준이 주도하여 천여 명을 이끌고 고부 관아를 점거했다. 5월 11일, 이를 진압하려는 정부군을 황토현에서 격파했다. 27일에는 신식 화기를 든 관군을 4천여 명의 농민군이 격파하고, 31일에는 전주성을 함락시켰다.

한국 정부는 매우 놀랐다. 한국이 직면한 무서운 불행은 정부의 힘으로 스스로 국내 치안을 유지할 수 없게 되었다는 것에 있을 것이다.

"청나라에 대군의 급파를 요청하자"라는 논의가 제기되었다.

일본에 요청하자.

이렇게 생각하는 사람은 거의 없었다. 일본을 소국이라고 생각했고, 본래 청나라를 종주국으로 삼고 있어 당연히 종주국에 의존해야 한다고 생각했다. 다만 청나라에 구원군을 요청하면 이에 대항하여 일본군도 오는 것은 아닐까 하는 소극적 반대론이 있었지만, 이미 발밑에서 농민봉기의 불길이 타오르고 있는 이상 자중론 등은 통하지 않았다.

게다가 한성(이후 경성, 현 서울)에는 한국 주재 청국 대표로 위안스카이라는 청국 정부 최고의 실력자가 있었다. 한국 정부는 위안스카이에게 은밀하게 그런 뜻을 제안했다. 위안스카이는 지금이야말로 조선에 청나라의 지배력을 강화할 수 있는 절호의 기회라며 크게 기뻐하며 본국에 그 뜻을 전했다.

이 무렵 한성에 있던 일본 대리공사는 조선통으로 알려진 스기무라 후카시杉村濬였다. 그는 이 움직임을 감지하여 본국에 알리고 "일본으로서는 만일의 사태에 대비하여 언제든 출병할 수 있는 준비를 해야 하며, 만약 청나라가 먼저 움직인다면 조선에서 일본의 발언권은 영구히 사라질 것"이라고 상소했다. 외무대신 무쓰 무네미쓰도 같은 의견이었다. 그는 기민하게 대처했다.

일본 육군은 무쓰보다 더 기민하게 움직였고, 한국 정부가 위안스카이에게 내심 구원을 요청한 6월 1일에는 이미 병력 수송선을 확보하려 했다. 다음 날인 2일에는 내각 각의에서 출병이 결정되었다.

그간의 경위를 도조는 이렇게 기록한다.

이해 3월, 조선의 비적이 난을 일으켜 각지의 마을을 습격했다. 그 반란은 극에 달해 조선의 군대로는 평정할 수 없게 되었다. 동학당의 난이다. 이때 청나라 대표로 서울에 있던 위안스카이는 조선은 자력으로 평정할 수 없으니 반드시 청나라에 원군을 요청할 것이고, 이는 청나라와 조선의 종속 관계를 세계에 알릴 절호의 기회라고 생각했다. 그래서 조선의 고관들을 꼬드겨 국왕에게 진언하게 했다. 국왕은 처음에는 원군 요청에 반대했지만, 흉도들의 기세가 점점 거세지고 전주까지 함락되자 국왕은 마침내 청나라에 출병을 요청했다. 6월 3일의 일이었다.

타이완 출병과 류큐 처분 등을 통해 청국을 중심으로 한 동아시아의 질서를 무너뜨린 일본에 대해 청국은 적개심이 깊어지고 있었다. 이때 동학 농민의 움직임이 나타났다. 청나라는 옛 질서를 확인하고 세계에 보여줄 수 있는 절호의 기회라고 생각했다. 그래서 병사를 보냈다. 도조는 조선의 지배권이라는 당장의 문제에 머물지 않고, 전쟁에 이르게 된 배경과 연원을 찾고자 했다. 이를 위해 청나라 측의 자료도 수집하고 해독했다. 그 결과, 비로소 보이는 세계가 있었을 것이다.

동학농민군의 초기 봉기는 조선 정부의 부패와 수탈에 대한 저항이었다. 하지만 청일 양국이 군대를 파견했다는 소식을 접한 농민들은 곧바로 조선 정부와 화해하고 마을로 돌아갔다. 동학농민전쟁으로 불리는 일본군과의 전투가 시작된 것은 평양공방전이 끝난 이해 가을부터다. 농민들이 재봉기한 것은 왕궁을 공격해 국왕을 사로잡은 일본군의 행동에 분개했기 때문이고, 그것이 가을에 일어난 것은 추수를 마칠 때까지 기다려야 했기 때문이라는 것이 한일 양국의 연구를 통해 밝혀졌다.

도조는 청일전쟁의 모든 기간에 걸쳐 이런 연구를 진행했고, 그 핵심을 정리한 것이 『격벽청담』이었을 것이다. 도조는 여기에서 "이 책의 취급은 장군(가와카미 소로쿠)에게 맡기겠다"고 말했다. 이런 사실이 밝혀졌기 때문에 「일청전사」는 이런 내용, 필치로 할 생각이라고 가와카미에게 설명하는 것이 목적이었을 것이고, 이를 읽은 가와카미도 승낙하여 본격적인 원고 작업을 시작했을 것이다. 어디까지나 추측에 불과하지만, 입수할 수 있는 자료를 다 읽어보니 그런 경위였다는 생각이 든다.

외부에 공개하지 않는다는 것을 전제로 한 「결정 초안」을 집필하면서 도조가 가장 먼저 상정한 것은 육군대학교의 교과서로 사용하거나 육군대학교의 전쟁사 교관이 수업의 기본 자료로 삼는 것이다. 육군의 다른 학교와 달리 육군대학교가 참모본부에 소속된 것은 전쟁이 발발하면 실제로 작전을 입안, 책정하는 참모들을 양성하기 위함이었다.

하지만 이를 위해 꼭 필요한 일본 실정에 맞는 근대 전쟁사 교재는 존재하지 않았다.

도조가 「결정 초안」에 '독자'라고 적었을 때 염두에 둔 것은 장차 육군 부대를 이끌고 전쟁을 지휘하게 될 육군대학교의 학생이었다고 볼 수 있다. 군의 지도자라면 왜 전쟁을 수행하는지에 대한 배경과 이유를 큰 틀에서 이해해야 한다는 생각이었을 것이다. 실패한 전투, 인정해서는 안 될 어리석은 작전이나 판단, 고전의 원인, 식량 보급과 같은 병참의 문제점까지 세세하게 구체적으로 기록한 것도 연구 과제나 교훈으로 기록해 후대 참모들에게 전달하려는 의도였을 것이다.

실수를 반복해서는 안 된다. 어떻게 하면 그런 실수를 피할 수 있을지 고민해야 한다. 그런 메시지를 도조는 「결정 초안」에 담았을 것이다.

정사에서 지워진 것들

이렇게 추적해 보니, 일본 육군의 정사에서 지워지고 조작된 것은 서울에서의 왕궁 점령 경위만이 아니었다. 평양 공략의 뒷이야기나 병참을 무시한 무모한 행군에 그치지 않았다.

무엇보다 문제 삼아야 할 것은 관점이고 목적의식이다. 역사에 무엇을 요구하는지, 역사는 어떠해야 하는지에 대한 것은 아마도 독일에서 배운, 멕켈에게 배운 철학이었다고 봐도 무방할 것이다. 하지만 도조의 생각은 퇴짜를 맞았다. 그 결과 귀중한 사실이 숨겨졌고, 교훈으로 전해지지도 않았다.

생각해 보면, 중앙의 지시를 따르지 않는 현지 부대의 독단적인 행동, 지휘관의 개인적 야망과 사심에 의한 무모한 작전, 인명을 경시하고 병참을 고려하지 않는 부대 운영 등 쇼와 시대 전쟁에서 일본 육군에 나타난 많은 심각한 결함과 문제점이 이미 청일전쟁에서 그대로 드러났다. 그런 사실을 「결정 초안」은 제대로 기록하고 교훈으로 지적했다.

그러나 그런 문제점들을 삭제하고 조작하여 정사를 작성했기 때문에 사실로 기록되거나 교훈으로 전해지지도 않았고, 더군다나 수정되지도 않았다. 뿐만 아니었다. 본래 용납되어서는 안 되는 무모한 군사 행동이 내막을 감춘 결과만을 근거로 모범이 되어야 할 성공 사례나 무용담으로 받아들여지게 되었다. 평양을 향한 행군이 그 대표적인 예일 것이다.

근대 일본이 최초로 편찬한 『일청전사』의 이런 경험과 방침은 이후 전쟁에서도 그대로 답습되어 전쟁사의 정형화가 진행되었다. 이런 전쟁사를 바탕으로 교육이 이루어졌고, '일본은 특별하다' '일본은 패배한 적이 없다'는 생각을 국민에게 심어주었다.

제2차 세계대전에서 패배로, 신화로 시작된 이전의 역사는 부정되었다. 일본의 역사를 새롭게 다시 쓰려는 움직임이 본격화된 것은 고도 경제성장이 궤도에 오르고 사회가 안정을 되찾았을 때였다. '일본의 역사' 같은 시리즈가 출간되어 베스트셀러가 되었고, NHK에서는 대하드라마가 방영되기 시작했다.

근대의 역사를 돌아볼 때 떠오른 것은 '일본은 어디서 잘못된 길에 들어섰는가'라는 문제의식이었다. 전쟁에서 감당한 희생은 너무 크고 생생했다. 어딘가 잘못이 있었다고 생각하는 것은 당연한 일이었다. '쇼와 시대 군부의 변질'이라든가, '메이지의 일본은 옳았다'라는 『언덕 위의 구름』의 기본적인 관점도 거기에 있었다.

하지만 지금까지의 작업을 돌이켜 보면 그렇지 않았던 것 같다. 「결정 초안」이 모두 남아 있었다면 그 사실은 더욱 분명했을 것이다.

저항하는 조선 민중을 수만 명이나 죽였다는 동학농민전쟁의 실체는 어땠을까? 뤼순에서 자행된 것으로 알려진 학살은 어떤 상황이었을까? 야마가타 아리토모가 군사령관에서 해임된 이유는 무엇이었을까? 청일전쟁을 둘러싼 많은 수수께끼와 의문은 기록으로도 남지 않고 교훈으로도 남지 않았기 때문에 이후 일본의 행보에 더 큰 화근을 가져왔다고 생각된다.

더 나아가 문제는 과거가 어떠했는가의 영역에 머물지 않는다. 그런 사실이 기록되거나 기억되지 않았기 때문에 오늘날 일본인의 의식과 역사관에 어떤 영향을 미치고 있는지 생각해 봐야 한다.

도조가 지적한 타이완과 류큐를 둘러싼 문제가 그 한 예다. 청일전쟁의 승패로 문제가 해결된 것처럼 보이지만, 이후 세대를 거치면서 일본인은 그런 당시의 상황을 의식하지 않게 되었다. 하지만 오늘날 센카쿠 열도를 둘러싼 중국과의 갈등의 근원이 그 주변에서 비롯된 것은 분명하다.

한국과의 역사를 둘러싼 불화도 더욱 심각해지고 있다. 위안부나 징용공 문제를 둘러싼 갈등도 한국 주장의 근저에는 일본의 한국 병합이 불법적이고 무효라는 인식이 깔려 있다. 군사력을 배경으로 일본이 한반도를 강제로 점령했다는 사고방식이다. 동학농민전쟁은 이런 일본 군국주의에 대한 저항운동의 상징으로 자리 잡았지만, 간행된 『일청전사』에는 그런 내용에 대한 언급이 거의 없다. 일본의 공식 역사에 없는 일로 치부되었다. 최근 들어 다양한 연구로 끔찍한 실상이 조금씩 밝혀지고 있지만, 그런 사실을 아는 사람이 일본에 얼마나 있을까?

오늘날의 일본인에게 청일전쟁은 먼 나라 이야기다.

어렴풋한 이미지만 지니고 있다. 하지만 오늘날 우리가 지닌 그 희미한 이미지조차도 조작된 전쟁사의 영향을 짙게 받은 거라는 사실을 지금까지의 작업을 통해 알 수 있었다.

전쟁과 결부된 사실을 역사로서 후세에 어떻게 전할 것인가의 문제를 둘러싼 큰 노선 대립이 메이지 중반에 육군 내에서 있었다는 사실도 떠올랐다. 그 결과 전쟁을 역사로 정확하게 후세에 전해야 한다는 생각은 퇴색되고, 정부와 군에 유리한 방향으로 전사가 편찬되어 정사로 여겨져 왔다.

　최근 일본에서는 공문서 관리를 소홀히 하거나 조작되는 사태가 연이어 발생해 사회문제가 되고 있다. '청탁忖度'이라는 단어는 완전히 시민권을 획득했다. 정치인이나 정부에 불리한 사실을 은폐하기 위해 공문서에 손을 대는 작업은 일본 관료 세계에서 어쩌면 끊임없이 반복되어 온 일인지도 모른다.

　그런 공문서 조작 중에서도 『일청전사』의 편찬은 그 후의 영향을 생각하면 아마도 근대 일본에서 전례가 없는 일이었다고 봐도 무방할 것이다.

맺음말

「일청전사 결정초안」을 읽으면서 매우 인상 깊었던 장이 있다. '일본 해안 경비와 제6사단의 충원'이라는 제목의 제15장이었다. 전쟁을 시작하면서 일본 국내에서 어떤 방어 체제를 구축했는지 서술한 내용이다.

노즈 미치쓰라 사단장이 이끄는 히로시마의 제5사단이 출동 준비를 마치고 연합함대가 조선을 향해 출격하는 7월 중순, 일본 국내에서는 해안방어체제의 정비를 서두르고 있었다. 해안방어 공사의 진척 상황이 "가장 진척된 곳은 도쿄만 입구와 요코스카 군항이며, 다음이 시모노세키 해협이다. 기탄 해협紀淡海峽은 겨우 착수했을 뿐이다. 그 외의 해안 요충지에 이르면 아직 착수조차 못 했다"고 소개되어 있다. 도쿄만과 시모노세키에는 요새 포병 부대를 배치했지만, 인원이 부족해 아직 포대를 운영할 수 있는 상태가 아니었다고도 적었다.

시모노세키를 관할하는 제5사단이 출동하기 때문에 구마모토의 제6사단에 포대 업무를 명령했다. 제6사단에는 동시에 나가사키와 사세보 양 항의 경비 강화도 명령했다.

이런 움직임의 배경에는 청국 각지에 배치한 무관이 보내온 정보가 있었다. 예를 들어 "청국은 남양함대의 절반을 우쑹吳淞을 근거지로 삼아 양쯔강 근방과 인근 해안을 경계하고, 다른 절반은 타이완을 근거지로 삼아 우리 류큐를 공격하겠다는 뜻을 밝혀 일본 함대의 세력을 분열시키려 한다. 북양함대는 웨이하이웨이를 근거지로 해당 항구와 조선 사이의 해면을 지킨다. 그리고 대동강을 점령하고 육군은 기선을 이용하여 대동강에 상륙하여 평양을 근거지로 경성으로 진군한다는 작전 계획이다" 같은 내용이었다.

그 결과 대본영은 "몇 차례의 보고를 통해 일본 해안의 요충지, 도쿄만, 구레항, 시모노세키 해협과 규슈 연안의 모 지점 등 만일의 사태에 대비하지 않을 수 없다"는 판단을 내렸다고 전해진다.

이 장을 읽으면서 떠오른 인물이 있다.

나치 정권에서 주독 대사를 지낸 육군 중장 오시마 히로시大島浩이다. 나치 수뇌부와의 친밀함으로 유명하며, '히틀러 총통이 본 대사에게 이렇게 말했다'는 등 구체적으로 베를린에서 발신된 정보가 도쿄에서의 판단에 큰 영향을 미쳤다고 한다.

A급 전범으로 도쿄 재판에 기소되어 당시 작성된 영문 심문조서가 미국에 남아 있다. 아무도 다뤄본 적이 없는 자료라는 것을 알고 도전한 적이 있었는데, 이해할 수 없는 부분이 있어 일본, 독일, 이탈리아의 삼국동맹 연구의 권위자인 역사학자 미야케 마사키三宅正樹에게 가르침을 받았다. 여러 차례 가르침을 받던 중 미야게가 '이런 것도 있

다'며 제공해 준 자료가 있었다. 오시마를 인터뷰한 녹음테이프였다. 오시마는 한 표 차이로 사형을 면하고 무기징역을 선고받아 가석방된 후, 미야케가 오시마의 자택을 방문해 인터뷰한 기록으로 십여 시간에 걸친 것이었다.

그 속에서 오시마는 패전에 이르기까지 일본의 군사, 정치, 외교를 되돌아보며 "그건 잘못했다"라고 솔직하게 반성의 말을 한 적이 있다. 중일전쟁이다. 일본군은 고립무원의 상태에서 수렁에 빠져 활로를 찾기 위해 독일과의 제휴에 나섰다. 그것이 미국을 강하게 자극해 전면전으로 발전해 일본을 파멸로 이끌었다.

중일전쟁의 무엇이 문제였을까? 오시마는 "일본은 중국을 경시했다"고 지적하며 "아버지 시대는 달랐다. 중국의 문화를 배우고 존경심을 가졌다"고 말했다.

'일본 해안 경비' 장을 읽으면서 그 말이 되살아난 것은 오시마가 말한 '아버지'가 바로 「일청전사」를 다시 쓴 오시마 겐이치였다는 인연에 그치지 않았다. 책을 읽는 동안 당시 일본이 품고 있던 '대국 중국'에 대한 두려움이 전해져 왔다. '소국'이었던 일본의 솔직한 심정이 기록된 것 같았다.

「결정 초안」은 "청국 정부, 종래의 행동으로 미루어 볼 때 분명 물러나 지키는 전략을 취한다. 일본 해안을 습격하는 일은 반드시 있을 것이라고 믿는다"고도 기록했다. 청나라가 일본을 공격해 올 가능성은 희박하다고 생각하면서도 대책 마련에 부심했다.

일본이 한반도에 가장 먼저 출동시킨 것은 히로시마의 제5사단이었다. 다음으로 파견한 것은 나고야의 제3사단이었다. 대륙에 가까운 규슈를 관할하는 구마모토의 제6사단을 왜 움직이지 않았는지, 오사카의 제4사단이 아닌 나고야의 제3사단을 먼저 투입한 이유가 무엇인지에 대한 의문이 이 장을 읽으며 비로소 풀렸다. 당시 일본 육군은 규모가 작았던 근위사단을 포함해도 7개 사단이 전부였다. 그 병력으로 처음으로 본격적인 대외 전쟁을 치르면서 일본 본토가 공격당하는 것까지를 가정하면 선택의 폭이 좁을 수밖에 없었다. 내가 그 사실을 깨닫지 못한 것은 중국이 공격해 온다는 시나리오가 떠오르지 않았기 때문이다. 아무 의심 없이 그런 일은 있을 수 없다고 생각했기 때문이다.

1937년 루거우차오蘆溝橋 사건으로 촉발된 중일전쟁은 중국이 약하기 때문에 쉽게 이길 수 있다는 생각으로 시작한 것이었다. 오시마 히로시가 말한 '경시'는 그런 일본인의 생각을 지적한 것인데, 그 근원을 찾아보면 아버지 겐이치가 편찬한 『일청전사』에 닿게 된다. 불편한 사실을 은폐, 조작하여 필요 이상으로 부풀려진 '일본은 강하다'는 자의식, 제대로 기록하지 않아 잊어버린 첫 전쟁에 대한 긴장감과 두려움 등이 정상적인 판단을 방해하여 '경시'를 낳은 것 같다.

오늘도 일본과 중국 사이에는 미묘한 긴장감이 흐른다. 일본인의 중국관이 어떤 기원과 내력을 거친 것인지를 냉정하게 되돌아볼 필요가 있다.

「결정 초안」 제2책 말미 부록에 '제6사단장이 시모노세키 수비대 사령관에게 내리는 교시'가 수록되어 있다. 제6사단장은 "그 지휘에 속한 후방 각 부대 병사들은 대체로 오랫동안 군대를 떠나 있었고 훈련이 부족하다. 이 때문에 간부가 된 자는 그 수비대에 배치되더라도 상황이 허락한다면 세심한 주의를 기울여 부하의 교육에 힘쓰고 사기를 북돋워야 한다. 여러 원인으로 인한 곤궁한 결핍을 극복함으로써 군기엄숙, 정신용강精神勇剛, 훈련완성을 목표로 그 직책을 완수해야 한다"고 명령했다.

시모노세키 해협을 지키는 포대 요원으로 배치된 것은 급히 소집된 후비역이었다. 당시 제도상 20세에 징병검사를 받으면 우선 현역으로 3년간의 군 복무를 해야 했다. 군대 규모가 작았기 때문에 실제로 군 복무를 마친 사람은 30명 중 1명 정도였다고 한다. 현역을 마치고 고향으로 돌아가면 4년은 예비역이 되고, 그 이후 5년의 후비역이 부과되었다. 동원할 수 있는 마지막 병사를 모아 포대를 지키게 한 것이다.

1894년 가을, 시모노세키 포대 부대는 조선으로 파견된다. 왜 이 부대를 전용했는지 의아했는데, 「결정 초안」은 평양 공략전 직후에 있었던 황해 해전에서 청나라 함대를 격파해 해상 방어의 필요성이 사라졌기 때문이라고 분명히 설명한다.

조선으로 건너간 부대가 명령받은 것은 재봉기한 동학농민군 섬멸이었다. 후비역이라는 노병 부대에 지급된 것은 보신전쟁과 세이난 전쟁에서 사용하던 낡은 총이었다는 사실이 최근의 연구에서 밝혀졌다. 사거리는 짧지만, 총알이 커서 발사하면 파괴력이 컸다. 죽창과 화승총 정도밖에 없던 농민군의 희생자는 3만 명에서 5만 명으로 추정된다. 끔찍한 전투였다고 여겨져 한국에서는 일본에 대한 저항운동의 상징으로 자리매김되어 있지만, 일본인의 기억에서는 빠져 있다. 일본과 한국 간의 역사 인식에서 가장 괴리된 영역 중 하나인데, 그 연원도 「공간 전사」에서 찾을 수밖에 없다. 이 후비 부대의 기록은 「공간 전사」 어디에서도 찾아볼 수 없다. 일본이 전쟁사에 없던 전투로 치부해 버린 것이다.

깊은 생각이나 이유가 있어서 시작한 것 같지 않은 청일전쟁사 조작이지만, 오늘날 일본인의 역사관까지 큰 영향을 미치고 있다. 그 화근은 정말 깊다고 하지 않을 수 없다.

도조 부자에게도 역사의 기이한 인연을 느꼈다. 도조 히데노리가 집필한 글을 조사하다가 우연히 접한 잡지 《신일본》 1911년 10월 호의 논고는 흥미로웠다. '아메리카' 특집호에서 「미일 양국의 역사적 우의」를 오쿠마 시게노부가, 「미국인의 특색」을 가네코 겐타로金子堅太郎가

썼다. 「미국의 정치외교」, 「교육종교상의 미국」, 「미국의 산업경제」, 「학술문화상의 미국」, 「미국의 사회생활」 등 주제별로 몇 편의 원고가 실려 있고, 마지막에 「미국의 육해군」이 있는데, 그중 「육군의 조직과 세력」을 도조가 집필했다.

도조는 "건국 이래 동방 즉 대서양 방면으로 복부를 향하고, 서방 즉 태평양 쪽에 등을 대고 누워 있던 미국은 이즈음 태평양 방면을 향해 돌아서고 있다. 하지만 실제로 오늘날 미국의 통상무역 등 모든 면에서 볼 때, 우리 극동과의 관계가 유럽과의 관계보다 더 깊어진 것 같다. 그것은 세계의 대세가 그러하듯이 이런 추세는 오늘날과 앞으로도 군비적인 측면에서 큰 영향을 미치지 않을 수 없다. 그러므로 미국 육군을 논하기 전에 먼저 이 점에 대해 조금이라도 관찰을 해보고자 한다"며 6쪽에 달하는 논고를 썼다. 도조는 먼저 미국과의 초기 관계를 이렇게 말했다.

합중국은 그 지세로 보면 배후와 앞뒤의 관계가 있다. 마치 우리 일본에 오모테니혼表日本과 우라니혼裏日本이 있는 것과 같다. 이는 지도를 한 번만 봐도 알 수 있지만, 이 지세와 더불어 아메리카 대륙이 우연히도 유럽인에 의해 발견되었고, 유럽인에 의해 미국의 기초가 놓였다. 건국 당시에도 대서양 방면에서 문화를 수입했고, 군사적 관계도 주로 이 방면에서 빈번했다. 국내의 형성 과정을 보더라도 건국 초기에는 동부 13개 주에 불과했지만, 점차 영역이 서쪽으로 확장되어 마침내 태평양 연안에 이르러 48개 주에 이르렀다. 실제로 미국 동부와 서부의 문화 정도는 거의 비교할 수 없을 정도이다. 그러므로 문명 개발의 관계로 볼 때, 여전히 동방, 즉 대서양 쪽을 복부로 삼고 그 반대편, 즉 태평양 방면을 동부로 삼는 것이 미국에서는 매우 합리적이다. 그런 이치로 볼 때 미국은 자연의 추세를 따라 동쪽으로 복부를 향하고 있었다. 물론 이때만 해도 우리 극동 방면은 아직 세계에 널리 소개되지 않았다. 매우 열성적인 유럽인들이 간간이 건너와 다소 사정을 알고 있었지만, 대체로 말하자면 서양인들에겐 아직 어둠의 세계였다. 상황이 이렇다 보니 미국의 입장에서 볼 때 우리 극동은 자연적 배후에 있을 뿐만 아니라, 아무런 관계도 없는 곳이었기 때문에 극동이 미국으로부터 외면당하는 것은 당연한 이치다. 그 유명한 먼로주의 선언에서도 유럽에 간섭하지 않는 대신 유럽도 미국 대륙의 일에는 간섭하지 말라고 했지만, 서쪽에 인접한 극동에는 아무 말도 하지 않은 것을 보면 아직 관심을 극동으로 돌리지 않고 있었다. 우리나라에 페리 제독이 처음 온 것은 1853년인데, 당시에는 별다른 야심이 없었던 것은 바로 이 누워 있는 시대橫臥時代에 속했기 때문이다.

도조는 이어 이후의 상황 변화를 언급한다.

그런데 미국의 이런 형세는 세계 대다수의 입장에서 바라볼 때 더 이상 오래 지속될 수 없게 되었다. 극동의 사정이 점차 세계에 알려지게 되었기 때문이다. 원래 미국은 상공업상의 경쟁을 유럽 쪽으로 해왔지만, 유럽의 상공업 발달은 더 이상 미국과 경쟁할 여지가 없을 정도로 발전했다. 그때 우연히도 극동 방면의 사정이 알려졌다. 특히 1895년 전쟁(청일전쟁), 1900년 북청사변(의화단 사건)의 결과 청국의 사정을 알게 되었다. 이를 계기로 미국은 유럽보다 극동 방면을 상대하게 되었고, 특히 방대한 중국과 시베리아 방면을 잘 알게 된 것은 자연의 추세라고 말하지 않을 수 없다. 이 추세는 지형과 개국의 역사에서 볼 때, 배후가 어떻든 간에 미국을 상대로 누워 있던 시대에서 벗어나 태평양 쪽으로 돌아서게 되었다. 지금은 전환의 시대라고 할 수 있는데, 향후 파나마 운하 개착 공사가 완료될 즈음에는 아마 전환이 완료될 것이다.

미국이 대서양에서 태평양으로 방향을 틀면 어떻게 될 것인가? 도조는 다음과 같은 논리를 전개한다.

미국은 세계의 대세에 밀려서 위와 같이 서방 태평양 방면으로 방향을 바꿀 수밖에 없었고, 동시에 군사적 세력을 이 방면으로 펼침으로써 상업적 후원을 하지 않을 수 없게 되었다. 우선 해군을 확장할 필요를 느끼게 되었다. 해군 확장의 정황이 어떻게 진행되었는지, 또 파나마 운하의 개통이 해군의 세력상 어떤 관계가 있는지에 관해서는 해군 측의 서술에 맡기기로 하고, 대체로 말하자면 서방 즉 태평양 방면으로 향하는 미국의 세력 발전이 점점 더 진척되고 있는 것은 사실이다. 즉 1867년에는 러시아로부터 알래스카를 사들였고, 1872년에는 남양의 사모아 군도에 해군기지를 만들었다. 1894년에는 하와이 군도를 합하여 진주만에 해군기지를 만들었고, 나아가 1898년에는 필리핀을 획득하여 이곳에도 병력을 배치하여 해군기지를 만드는 등 세력의 서진은 현실이 되었다. 근래에는 남만 철도 시설에 대한 간섭처럼 먼로주의의 존폐를 의심하게 만들 정도다. 오히려 사람들은 미국이 서쪽으로 제국주의를 지향한다고 믿게 되었다. 그러나 먼로주의는 미국이 유럽의 간섭을 막아야 할 좋은 구실이기에, 오늘날 이의 철거를 공언하는 것은 미국에 결코 유리한 일이 아니다. 그래서 미국인들은 오늘날 태평양 방면에 대한 세력 발전을 가리켜 먼로주의의 확장이라 말한다.

도조는 결론적으로 이렇게 말했다.

태평양 방면에서 미국의 발전에 가장 큰 걸림돌이 되는 것은 말할 필요도 없이 우리 제국이다. 따라서 미국이 서방을 향해 시설하고 있는 군비의 목표가 되는 것도 역시 우리 제국임이 분명하다.

도조는 1913년 58세의 나이로 세상을 떠났다. 뒤늦게 미국과의 전쟁을 이끌게 된 아들 히데키는 당시 28세의 육군대학교 학생이었다. 그때까지 아버지로부터 무엇을 듣고 배웠을까?

이후 도조가 총리까지 오르게 된 것은 통제파統制派로 불리는 육군 내 파벌의 대표 주자가 되었기 때문이다. 그 활동을 시작하면서 가장 먼저 내세운 것은 '조슈 파벌의 타도'였다. 도조는 발족 초기부터의 구성원이었는데, 그 참여 동기로 '아버지의 원통한 마음'을 말했다. 「결정 초안」이 폐기된 것은 그에게도 분명 '억울한 일'이었을 것이다. 아버지가 청일전쟁사 편찬에 관여했던 시기는 소학교부터 중학교, 그리고 육군유년학교 생도 시절에 해당한다. 심장병이라며 출근을 거부하는 아버지의 모습을 감수성이 예민한 나이의 아들 히데키는 목격했을 것이다.

깨알 같은 단정한 글씨로 정돈된 원고는 모르는 용어, 읽기 어려운 한자의 연속이었지만, 한문에 대한 깊은 교양을 엿볼 수 있는 격조 높은 글이었다. 아버지가 정성을 다한 「결정 초안」이 참모 교육에 활용되었다면, 아들이 통제파 활동에 참여하지도, 총리가 되지도 않았을지도 모른다. 아버지가 목표로 했던 사실을 제대로 전달하는 역사 편찬이 일본에 정착되어 있었다면, 아들이 무모한 중일전쟁이나 태평양전쟁에 휘말리지 않을 수 있었을지 모른다.

그저 공문서를 고쳐 쓴 것일 뿐이라거나, 일본에서는 관료가 쓴 역사 따위는 아무도 믿지 않는다고 받아들이는 사람도 있을 것이다. 하지만 바로 거기가 일본의 큰 분기점이며, 일본의 이후 다른 길이 있었음을 암시하는 것 같다는 생각이 든다.

『언덕 위의 구름』 제1권이 출간되었을 때 나는 중학교 2학년이었다. 시바 료타로의 팬이었던 아버지가 사준 책이었는데 읽자마자 빠져들었다. 주인공인 세 청년이 미래에 대한 꿈을 안고 마쓰야마에서 떠나는 모습은 후쿠시마의 작은 성곽 마을에 살았던 내 모습과도 같아 보지 못한 세계에 대한 동경이 크게 부풀어 올랐다. 이후 신문에 신간 광고가 실리면 학교가 끝나자마자 서점으로 달려가 밤을 새워가며 읽었다. 반복해서 읽었다. 몇 번을 읽어도 질리지 않았다. 여러 가지를 배울 수 있었다. 소년 시절 그 무엇보다 열중했던 이야기였다.

전권을 오랜만에 다시 읽은 것은 쉰 살이 넘었을 때였다. 콘스탄틴 사르키소프Konstantin Sarkisov의 연구를 알게 된 것이 계기였다. 근대 정치외교사를 전공한 정치학자이자 소련과학아카데미 일본연구소장으로 고르바초프 서기장의 방일을 수행한 적도 있는 사르키소프는 소련 해체 후 일본 대학에 초빙되어 내가 만났을 때는 야마나시학원대학山梨学院大学 교수로 재직 중이었다.

발틱 함대의 로제스트벤스키Rozhestvensky 사령장관이 일본으로 향하는 긴 항해 도중에 기항지에서 본국의 아내에게 보낸 편지를 러시아에서 찾아내어 일본어로 번역하고 주석을 붙인 연구였다.『언덕 위의 구름』에서 일본을 무시하고 오만하고 호전적인 모습으로 그려졌던 것과는 사뭇 다른 인간적인 로제스트벤스키 제독의 모습을 볼 수 있었다.

그 차이에 충격을 받았다. 사르키소프는 "시바가 작품을 쓸 당시에는 자료의 제약이 있었기 때문에 어쩔 수 없는 일이었습니다. 이 편지를 알았다면 시바는 다른 로제스트벤스키의 모습을 그렸을 것입니다"라고 말했다.

무엇을 근거로『언덕 위의 구름』이 집필되었는지 작품의 배경을 생각하게 된 것은 이때부터였다. 마침 러일전쟁 100주년이 되는 해였고, 이 소설을 군사사적 측면에서 검증하려는 시도가 곳곳에서 나타나고 있었다.『언덕 위의 구름』을 다시 읽어야겠다는 생각이 들어, 학생이던 아들에게 "책을 가지고 있느냐"고 물었더니 서랍에서 문고판 8권 세트를 꺼내주었다.

그리고 60대 중반이 되어 다시 읽게 되었다. 아들에게 빌린 세트에는 언제부턴가 누락된 책이 있었다. 동생에게 젊은 시절에 읽었던 초판본 6권 세트가 남아 있는지 물었다. 그랬더니 "오래되어 처분했다"

는 대답이 돌아왔다. 내가 아쉬워하자 자기 방으로 돌아간 동생이 "필요하면 이거 있다"며 신간 문고판 세트를 내밀었다.

부모와 자식 3대에 걸쳐 당연하게 읽혀온 책이었다. 『언덕 위의 구름』이 국민문학, 민족의 서사시라고 불리는 이유를 실감했다.

이 이야기는 왜 이토록 일본인에게 사랑받는 것일까? 여러 이유를 생각해 볼 수 있다. 매력적인 주인공의 뛰어난 이야기, 경쾌하고 읽기 쉬운 문체, 밝은 세계관 등 이런 특징은 반세기가 지나도 변함없이 빛을 발한다. 묘사된 나라도 사람도 미래에 대한 희망을 느끼게 한다. 『기밀 일러전사』와 같은 새로운 자료를 바탕으로 숨겨져 있던 사실도 곳곳에 담아 쇼와 시대를 살았던 일본인을 놀라게 했다.

그런 요소에 더해 시대가 이 작품을 요구한 것 같다는 생각이 든다. 패전 후 20여 년이 지난 뒤 일본인들은 새로운 자화상을 원하고 있었다. 패전으로 부정된 옛 자화상을 대신할 새로운 자화상 말이다. 민주적, 과학적, 평화적이라는 새로운 시대에 걸맞은 '일본이란 무엇인가' '우리 일본인은 누구인가'라는 근대 일본인의 뿌리 찾기라고 할 수 있다.

그런 시대적 요청에 따라 시바는 '메이지의 일본'에 도달했다. 쇼와의 일본과 달리 작은 나라에서 시작해 청년기를 맞이한 메이지의 일본은 옳았다. 일본해 대해전의 승리를 대담한 지휘관과 뛰어난 참모, 자체 개발한 최신 화약과 신관, 그리고 반복된 훈련의 성과로 그려낸 『언덕 위의 구름』의 역사상은 인재와 교육, 과학기술을 건국 기반으로 삼은 전후 일본의 나아갈 길을 가리키며, 패전 후 일어서고 있던 일본인들에게 용기와 자신감을 주었다. 언제부턴가 『언덕 위의 구름』은 단순한 역사소설의 틀을 넘어 많은 일본인이 공유하는 역사관, 즉 민간의 정사正史의 지위를 얻게 된 것 같다.

참고로 이번에 조사하면서 뤼순 공략의 주역으로 알려진 28센티미터 포를 둘러싼 일화를 몇 가지 알게 되었다. 청일전쟁 이후 해상 방어 강화의 한 축으로 일본 열도 곳곳에 포대를 설치하여 비치한 것으로, 이를 뤼순으로 옮기자는 의견이 나왔을 때 노기군이 '불필요하다'며 반대했다는 것은 『언덕 위의 구름』을 통해 알고 있었다. 이에 대해 도쿄의 대본영 내에서도 "해상 방어에 불안이 생긴다"며 반대하는 목소리가 있었다는 사실을 새롭게 알게 되었다.

그보다 더 뜻밖의 생각이 들었던 것은 뤼순의 러시아군도 28센티미터 포를 가지고 있었다는 사실이다. 일본군의 28센티미터 포탄은 불발탄이 많았다고 한다. "다섯 발에 한 발 정도의 비율"이라는 증언도 있었다. 무거운 포탄으로 장갑을 뚫고 적 함선을 파괴하는 것이 설계상 목적이기 때문에 폭발하지 않아도 크게 문제 삼지 않았던 것 같다. 그런데 러시아군은 그런 불발탄을 모아 다시 쐈고, 그것이 폭발하면서 일본군의 피해는 컸다. 조사해 보니 러시아군은 자체 개발한 신관으로 교체했다고 한다. 당연한 이야기지만, 러시아군에도 기술자가 있었다.

『언덕 위의 구름』이 발표된 지 벌써 반세기가 지났다. 세계는 또 새로운 국면을 맞이하고 있는 것 같다. 이웃 국가들과도, 국내에서도 역사를 둘러싼 갈등의 골이 깊어지고 있다. 새로운 시각으로 역사를 재조명하고 새로운 자화상을 그려내는 작업이 필요해진 것 같다.

그런 생각을 하며 원고를 마무리하던 2022년 2월, 러시아군이 우크라이나를 침공했다. 보도되는 참극의 연속에 "21세기에 이런 일이 벌어지는구나" 하는 생각이 들면서 경악을 금치 못했다. 러시아로서는 예상치 못한 고전인 것 같았지만, 그런 전황에 중일전쟁도 이런 전개가 아니었을까 하는 생각이 들었다. 오시마 히로시가 지적한 '경시'해서 중국 등을 쉽게 이길 수 있다는 가벼운 마음으로 출발한 일본군은 진흙탕에 빠졌다. 우크라이나 국민들의 굴하지 않는 항전 뒤에는 미국, 영국을 비롯한 세계 각국의 지원이 있었다. 일본과 싸우는 중국을 지원한 '원장援蔣 루트'가 겹쳐 보였다. 러시아는 전쟁이 아닌 '특별군사작전'이라고 주장했지만, 그러고 보니 일본도 전쟁이 아닌 '사변'이라 칭했었다. 준비 부족을 부인할 수 없는 러시아의 작전계획의 배경에는 2014년 크림 반도 침공의 성공 경험이 있다는 지적이 강했다. 청일전쟁에서 쉽게 공략할 수 있다는 이유로 별다른 조사나 준비 없이 공격해 큰 희생을 치른 러일전쟁의 뤼순 요새를 둘러싼 공방이 떠올랐다.

인간이란 실수를 반복하는 존재인 것 같다. 우크라이나와 러시아의 역사에 대해서도 어느새 자세히 알게 되었다. 『언덕 위의 구름』의 주인공 아키야마 요시후루秋山好古가 러일전쟁에서 싸웠던 코사크 기병이 우크라이나 사람들이었다는 사실을 알게 되었다. 러일전쟁으로 피해가 겹치면서 일본군은 동원할 병력이 없는 상황에서도 러시아는 계속해서 새로운 병력을 보내왔다. 오늘날의 일본과 러시아라면 인구에 큰 차이가 없을 것이다. 왠지 궁금했는데, 우크라이나뿐만 아니라 당시 러시아 제국은 오늘날의 폴란드, 핀란드 등에서도 장정들을 모아 극동으로 보내왔다는 사실을 알게 되었다.

국가와 국민을 단위와 주체로 한 역사를 당연시해 왔기에 보이지 않는 세계가 있었다는 사실을 알게 되었다. 새로운 국면을 맞이하는 세계를 이해하기 위해서는 새로운 시각으로 역사를 다시 바라볼 필요가 있다. 국가와 국민이 확고한 형태를 갖추기 전, 120년 전에 만들어진 자료를 읽고 나니 더욱 그런 생각이 든다.

여기에 오기까지 많은 분의 도움을 받았다. 홋카이도대학 이노우에 가쓰오井上勝生 명예교수, 와세다대학의 이성시李成市 교수, 도쿄여자대학의 리리니에聶莉莉 교수, 한국 대전대학교의 도면회 교수에게 많은 가르침을 받았다. 내가 감당할 수 없는 글자 해독은 요코하마시 역사박물관의 전 부관장이자 역사학자인 이노우에 오사무井上攻의 도움을 받았다. 붓을 놓으며 깊은 감사의 마음을 전하고 싶다.

옮긴이의 말

 청일전쟁은 그동안 어떻게 기억되었는가?

 청일전쟁은 1894년 7월부터 이듬해 4월까지 한반도와 중국 동북 지방을 배경으로 청나라와 일본 사이에 벌어졌던 국제전이었다. 무대는 조선이었다. 동학농민혁명을 계기로 조선에 진주했던 청군과 일본군의 군사적 대립이 전면전으로 확대되었기 때문이다.

 조선을 식민지로 삼으려던 일본은 경복궁의 침탈, 그리고 무력을 동원하여 친일 내각을 구성한 뒤 청나라에서의 '독립'을 사주하는 한편, 7월 25일에는 아산 앞바다에서 기습적으로 공격하여 청 해군을 격파했다. 이어 평양성 전투와 황해 해전에서 압승하고, 청나라의 랴오둥 반도와 뤼순을 점령하면서 청군을 궤멸시켰다. 이 전쟁의 결과 시모노세키 조약이 맺어졌으며, 일본은 동북아의 패권을 장악했다. 청일전쟁 이후 일본은 자본주의의 급속한 발전을 이루었지만, 조선과 중국은 일본과 열강의 수탈 대상, 분할 경쟁의 대상이 되었다. 이른바 '강한' 일본, '늙은' 중국, '약한' 조선이라는 이미지 프레임이 만들어지게 된 출발점이었다.

 과연 그런가? 일본은 청일전쟁을 있는 그대로 기록했는가? 사실을 왜곡한 것은 아닐까? 실제로는 무슨 일이 있었던 것일까? 왜 일본군은 전쟁사를 왜곡 편찬했을까? 이는 이후 러일전쟁사 편찬 등에 어떤 영향을 끼쳤을까?

이 책은 이런 의문점을 자료를 통해 검증한다. 저자 와타나베 노부유키는 일본군이 불편한 사실을 은폐, 조작하여 전쟁사를 편찬했다고 말한다. 육군 참모본부가 발간한 『일청전사日清戰史』와 그 토대가 된 「일청전사 결정초안日清戰史決定草案」을 비교 검토함으로써, 전자에 삭제된 많은 사실이 잠들어 있다는 사실을 밝혀낸다. 대본영의 지시를 따르지 않는 현지 부대의 독단적인 행동, 지휘관의 개인적 야망과 사심에 의한 무모한 작전, 인명을 경시하고 병참을 고려하지 않는 방만한 부대 운영 등 숨겨진 사실을 파헤쳐 전쟁의 실체에 접근한다. 이후의 침략전쟁에서 일본 육군에 나타난 심각한 결함과 문제는 이미 청일전쟁에서부터 시작되었음을 밝혀낸 것이다.

일본 정부와 군대가 국민에게 알리고 싶지 않았던 사실은 무엇이었을까? 그런 사실을 왜곡한 전쟁사가 이후 일본인의 역사관에 어떤 영향을 주었을까?

본문에서는 그런 내용도 순차적으로 검토한다. 근대 일본이 최초로 편찬한 『일청전사』의 경험과 방침은 이후 전쟁에서도 그대로 답습되어 전쟁사의 정형화가 진행되었다. 왜곡된 전쟁사를 바탕으로 획일적인 교육이 이루어졌고, 일본은 결코 패배한 적이 없다는 환상을 국민에게 심어주었다는 게 저자의 관점이다. 이는 일본이 어디서부터 잘못된 길로 접어들었는가 하는 문제의식과 통한다. 동아시아 구성원 모두에게 전쟁에서 감당한 희생은 너무 엄청나고 생생했다. 어딘가 잘못이 있었다고 생각하는 것은 당연한 귀결이다.

기억할 수밖에 없고/앞으로도 반드시 기억해야 할 사건을 매개로 과거사를 재조명하려는 게 역사학의 과업이다. 현대 사회 구성원의 체험 또는 기억 속에서 지나칠 수 없다고 판단되는 사건의 배경과 전개 과정 그리고 그 역사적 의의를 재조명하고, 이를 바탕으로 '상생' 가능한 미래 사회를 전망하자는 문제의식 때문일 것이다. 이는 역사학에 부여된 책무이자 지속적인 사회 변혁을 지향하는 인문학 본연의 자세이기도 하다.

전쟁 기억에 관해서도 마찬가지 문제의식이 적용된다. 이른바 '전쟁의 세기'였던 20세기를 총괄하기 위해서는 전쟁을 둘러싼 체험과 기억의 관계는 결코 피할 수 없는/피해서는 안 되는 영역이다. 한일 간의 상충하는 역사 인식 문제 또한 전쟁 체험과 기억을 둘러싼 입장과 해석의 차이에 기인한다. 역사학은 전쟁 체험과 기억으로부터 결코 자유로울 수 없다.

기억에 대한 담론은 기존의 역사 서술이 자민족 중심주의와 역사의 연속성에 대한 맹목적인 '믿음'을 견지해 왔다는 부분에 문제를 제기하며 등장했다. 홉스봄Eric Hobsbawm은 "전통이란 사실 그 기원을 살펴보면 극히 최근의 일에 불과하고 때로는 발명된 것"이라며, 전통을 구별된 기억을 통해 형성된 '문화적 구성물'로 바라보았다. 또 앤더슨 Benedict Anderson은 "민족이란 원래 제한되고 주권을 지닌 것으로 상상되는 정치공동체"로 규정하면서 민족을 정치적 정당화/지배의 정당화를 위해 인위적으로 '창조된 것'으로 설명했다. 이들의 주장에 따르면, 의도적으로 기억된 것은 전통이 아니라 허구이며, 국가와 민족은 '공동의 기억'에 의해 만들어진 정치적 구성 집단이다.

역사 인식의 토대는 경험, 기억, 지식의 복잡한 다층적 관계성이라 말할 수 있다. 예컨대, 한 민족에 대한 이미지는 개인의 체험이 공통의 체험으로 기억되는 방식과 깊게 관련되어 있다. 개인의 경험이 역사적 지식에 의해 집단의 체험으로 기억되고, 다양한 개인의 체험이 소거되거나 변형됨으로써 하나의 정형화된 집단 기억이 만들어진다. 이는 역사적으로 오랜 기간 형성된 것이며 각종 교육을 통해 직간접적으로 전승된다.

실제 한일 간의 체험과 기억, 인식 문제는 주지하듯이 근대 이후의 가해자 의식과 피해자 의식의 격차에 기인한다. 그러나 이것만으로는 한일 관계를 이해하기에 충분하지 않다. 역사적 체험과 기억의 문제에는 현상 분석만으로 설명되지 않는 사회 문화적 요인이 잠재하고 있다. 특히 근대 이후 한일 관계는 '지배'와 '피지배'라는 부조리한 상황이 연출되었고, 그 비대칭적 관계는 끊임없이 그리고 새롭게 재생산되어 왔다. 한일 관계의 재정립을 위해 역사적 체험과 기억의 차이점을 다양한 측면에서 고찰하지 않으면 안 되는 이유도 여기에 있다.

역사적 사실과 그에 대한 기억을 되살리는 작업은 이 책의 대상인 청일전쟁과 러일전쟁 당시의 가해자/피해자 모두를 위해서도 필요하다. 결코 회피하거나 눈감고 외면할 수 없는 사안이다. 문제는 '기억을 둘러싼 투쟁'이 후세들의 지난 역사에 대한 부채감과 책임윤리 과업에 그치지 않고, 향후 동아시아 공통의 역사 인식과 평화 인프라 구축 등 동아시아의 미래와도 직결되는 사안이라는 점이다. 제국과 식민지, 전쟁과 폭력이라는 비대칭 공간에서 이루어진 개인과 집단의 기억을 올바로 되살려야 하는 이유도 바로 이 지점에 있다.

자료에 바탕을 둔 전쟁의 실체를 추적하는 일에 관심을 갖고, 그릇된 역사 서술이 우리에게 어떤 상황을 강요했는지에 대해서도 독자들과 더불어 성찰할 수 있으면 좋겠다.

2023년 6월

이규수

참고문헌

朝日新聞社編, 『名将回顧 日露大戦秘史 陸戦篇』(朝日新聞社, 1935).

朝日新聞社編, 『名将回顧 日露大戦秘史 海戦篇』(朝日新聞社, 1935).

五十嵐憲一郎, 「資料紹介 『日清戦史第一第二編進達ニ関シ部長会議ニ一言ス』」(『軍事史研究』 148, 軍事史学会, 2002).

井上勝生, 『明治日本の植民地支配』(岩波書店, 2011).

井上勝生, 「東学農民戦争 抗日蜂起と殲滅作戦の史実を探求して」 (『人文学報』 111, 京都大学人文科学研究所, 2018).

井上勝生, 「東学党討伐隊士の従軍日誌」(『人文学報』 111, 京都大学人文科学研究所, 2018).

今村均, 『今村均回顧録』(芙蓉書房, 1965).

鵜崎熊吉, 『薩の海軍・長の陸軍』(政教社, 1912).

大石一男, 『条約改正交渉史』(思文閣出版, 2008).

大澤博明, 「川上操六側近と陸奥宗光側近の証言 日清戦争関係新出史料」(『日本歴史』 744, 日本歴史学会, 2010).

大澤博明, 『「征清用兵・隔壁聴談」と日清戦争研究』(『熊本法学』 122, 熊本大学法学会, 2011).

大澤博明, 『陸軍参謀川上操六』(吉川弘文館, 2019).

大谷正, 『兵士と軍夫の日清戦争』(有志舎, 2006).

大谷正, 『日清戦争―近代日本初の対外戦争の実像』(中公新書, 2014).

大谷正・福井純子編, 『描かれた日清戦争 久保田米僊「日清戦闘画報」』(創元社, 2015).

落合豊三郎, 『孫子例解』(軍用教育会, 1917).

海軍軍令部編, 『明治廿七八年海戦史』(春陽堂, 1905).

黒野耐, 『参謀本部と陸軍大学校』(講談社現代新書, 2004).

同台経済懇話会, 『近代日本戦争史第一編 日清・日露戦争』(東京堂出版, 1995).

サルキソフ, コンスタンチン, 『もうひとつの日露戦争』(朝日選書, 2009).

参謀本部編, 『日本戦史 関原役』(丸善書店, 1893).

参謀本部編, 『明治廿七八年日清戦史決定草案』(福島県立図書館 「佐藤文庫」蔵).

参謀本部編, 『明治廿七八年日清戦史』(参謀本部, 1894).

参謀本部編, 『明治卅七八年日露戦史』(偕行社, 1912).

後田多敦, 『琉球救国運動』(出版社Mugen, 2010).

司馬遼太郎, 『坂の上の雲』(文春文庫, 1999).

島貫重節, 『戦略 日露戦争』(原書房, 1980).

鈴木健二, 『駐独大使大島浩』(芙蓉書房, 1979).

上法快男, 『陸軍大学校』(芙蓉書房, 1973).

宿利重一, 『メッケル少佐』(日本軍用図書会社, 1944).

高橋信雄, 『鈴木天眼 反戦反骨の大アジア主義』(あけび書房, 2021).

高山信武, 『陸軍大学校の戦略・戦術教育』(芙蓉書房出版, 2002).

谷寿夫, 『機密日露戦史』(原書房, 1966).

田中宏巳, 「日清, 日露海戦史の編纂と小笠原長生 1~3」(『軍事史学』 18-3・4, 『防衛大学校紀要』 47 人文・社会科学篇, 1983).

長南政義, 『新史料による日露戦争陸戦史』(並木書房, 2015).

長南政義, 『児玉源太郎』(作品社, 2019).

塚本隆彦, 「旧陸軍における戦史編纂―軍事組織による戦史への取組みの課題と限界」(『戦史研究年報』, 防衛省防衛研究所戦史研究センター, 2007).

土屋道雄, 『人間 東条英機』(育誠社, 1967).

東条英教, 『征清用兵 隔壁聴談』(防衛省防衛研究所蔵, 1897).

東条英教, 『戦術 麓の塵』(兵事雑誌社, 1910).

東条英教, 「歴史は閼の隆替興亡史」(『新日本』 1911년 5월 호, 富山房).

東条英教, 「米国陸軍の組織と勢力」(『新日本』 1911년 10월 호, 富山房).

東条英教, 「余の実験せる痛快戦」(『新公論』 1911년 10월 호, 新公論社).

東条英教, 「死生の境に於ける修練」(『成功』 1912년 5월 호, 成功雑誌社).

東条英教, 「新陸将の人物」(『中央公論』 1912년 5월 호, 反省社).

東条英教, 「軍事改革問題 根拠無き軍政改革論」(『新公論』 1912년 7월 호, 新公論社).

東条英教, 「軍政改革問題 葛生東介君に答ふ」(『新公論』 1912년 7월 호, 新公論社).

東条英教, 「無謀なる陸軍縮小論」(『新日本』 1913년 2월 호, 富山房).

東条英教, 「権威にも威武にも屈しなかった英雄僧日蓮」(『名士の少年時代より崇拝せる英雄』 所収, 実業之日本社, 1913).

富田正文編, 『福沢諭吉選集 第七巻』(岩波書店, 1981).

沼田多稼蔵, 『日露陸戦新史』(兵書出版社, 1924).

中島欣也, 『銀河の道 "社会主義中尉" 松下芳男の生涯』(恒文社, 1989).

中塚明, 『「蹇蹇録」の世界』(みすず書房, 1992).

中塚明, 『歴史の偽造をただす』(高文研, 1997).

中塚明, 『現代日本の歴史認識』(高文研, 2007).

萩原遼, 『朝鮮戦争』(文藝春秋, 1993).

萩原遼, 『「朝鮮戦争」取材ノート』(かもがわ出版, 1995).

萩原遼, 『北朝鮮に消えた友と私の物語』(文藝春秋社, 1998).

浜本利三郎, 『日清戦争従軍秘録』(青春出版社, 1972).

原田敬一, 『日清戦争』(『戦争の日本史』 19, 吉川弘文館, 2008).

原田敬一, 「混成第九旅団の日清戦争―新出資料の「従軍日誌」に基づいて 1~5」(『歴史学部論集』 1~5, 仏教大学歴史学部, 2011~2015).

原田敬一, 『日清戦争論』(本の泉社, 2020).

林三郎, 『参謀教育』(芙蓉書房, 1984).

深沢祐作, 『ある歩兵の日露戦争従軍日記』(草思社, 2005).

誉田甚八, 『日清戦史講究録』(偕行社, 1911).

ホン・ブランケンブルヒ, 『魯土戦記筆記』(参謀本部陸軍部, 1881).

松下芳男, 『日本軍閥興亡史』(芙蓉書房出版, 2001).

松村秀逸, 『近代戦争史略』(朝日新聞社, 1944).

村上啓作, 『戦争要論』(陸軍大学校将校集会所, 1925).

別所芳幸「手稿本「日露戦史」を読む」(『文藝春秋』 臨時増刊号, 2010).

別宮暖朗, 『帝国陸軍の栄光と転落』(文春新書, 2010).

別宮暖朗, 『日露戦争陸戦の研究』(ちくま文庫, 2011).

陸奥宗光, 『蹇蹇録』(岩波文庫, 1983).

陸軍省編, 『明治天皇御伝記史料 明治軍事史』(原書房, 1966).

山本四郎編, 『寺内正毅日記 : 1900~1918』(京都女子大学, 1980).

山梨学院大学ポーツマス講和100周年記念プロジェクト編, 『山梨学院創立60周年記念誌 日露戦争とポーツマス講和』(山梨学院大学, 2006).

渡辺延志, 『虚妄の三国同盟』(岩波書店, 2013).

渡辺延志, 『軍事機密費』(岩波書店, 2018).

渡辺延志, 「日独伊『三国同盟』 80年目の真実」(『文藝春秋』 年新年特別号, 2021).

渡辺延志, 『歴史認識 日韓の溝』(ちくま新書, 2021).

찾아보기